KB043833

MP3 다운로드 방법

컴퓨터에서

- 네이버 블로그 주소란에 **www.lancom.co.kr** 입력 또는 네이버 블로그 검색창에 **랭컴**을 입력하신 후 다운로드

- **www.webhard.co.kr**에서 직접 다운로드

아이디 : **lancombook**

패스워드 : **lancombook**

▶ mp3 다운로드

www.lancom.co.kr에 접속하여 **mp3**파일을 무료로 다운로드합니다.

▶ 우리말과 원어민의 1 : 1 녹음

책 없이도 공부할 수 있도록 원어민 남녀가 자연스런 속도로 번갈아가며 영어 문장을 녹음하였습니다. 우리말 한 문장마다 원어민 남녀 성우가 각각 1번씩 읽어주기 때문에 보다 더 정확한 발음을 익힐 수 있습니다.

▶ mp3 반복 청취

교재를 공부한 후에 녹음을 반복해서 청취하셔도 좋고, 원어민의 녹음을 먼저 듣고 잘 이해할 수 없는 부분은 교재로 확인해보는 방법으로 공부하셔도 좋습니다. 어떤 방법이든 자신에게 잘 맞는다고 생각되는 방법으로 꼼꼼하게 공부하십시오. 보다 자신 있게 영어를 할 수 있게 될 것입니다.

▶ 정확한 발음 익히기

발음을 공부할 때는 반드시 함께 제공되는 mp3 파일을 이용하시기 바랍니다. 언어를 배울 때 듣는 것이 중요하다는 것은 두말할 필요가 없습니다. 오랫동안 자주 반복해서 듣는 연습을 하다보면 어느 순간 갑자기 말문이 열리게 되는 것을 경험할 수 있을 것입니다. 의사소통을 잘 하기 위해서는 말을 잘하는 것도 중요하지만 상대가 말하는 것을 정확하게 듣는 것이 더 중요하다고 합니다. 활용도가 높은 기본적인 표현을 가능한 한 많이 암기할 것과, 동시에 원어민이 읽어주는 문장을 지속적으로 꾸준히 듣는 연습을 병행하시기를 권해드립니나. 듣는 연습을 할 때는 실제로 소리를 내어 따라서 말해보는 것이 더욱 효과적입니다.

포켓북

왕초보 영어 첫걸음

포켓북
왕초보 영어 첫걸음

2018년 10월 05일 초판 01쇄 인쇄
2013년 10월 10일 초판 15쇄 발행

지은이 이서영
발행인 손건
편집기획 김상배, 장수경
마케팅 이언영
디자인 이성세
제작 최승용
인쇄 선경프린테크

발행처 ***Lan**Com* 랭컴
주소 서울시 영등포구 영신로34길 19
등록번호 제 312-2006-00060호
전화 02) 2636-0895
팩스 02) 2636-0896
홈페이지 www.lancom.co.kr

ISBN 979-11-89204-12-9 13740

내손에 펼쳐진 **포켓북**

왕초보 영어 첫걸음

이서영 지음

LanCom
Language & Communication

들어가며

영어는 어순 중심의 언어!

우리말은 ~이, ~가, ~는, ~을 등의 조사가 붙어 문장의 의미가 성립되지만, 영어는 조사 없이 어순에 의해 의미가 결정되는 언어입니다. 그래서 우리말 문장에서는 단어의 순서를 바꾸어도 의미가 크게 달라지지 않고 무슨 말인지 대충 뜻이 통하지만 영어는 어순이 바뀌면 뜻이 완전히 변하고, 심지어는 전혀 말이 되지 않는 경우도 많습니다.

소년(이) 사과(를) 먹었다. = 사과(를) 소년(이) 먹었다.

The boy ate an apple. 소년(이) 사과(를) 먹었다.
An apple ate the boy. 사과(가) 소년(을) 먹었다.

영어 문장은 형식이 아닌 '어순'의 개념으로 익히고 이해해야 합니다. 우리가 모국어로 말하면서 억지로 문장의 순서를 머릿속에서 조합하는 것이 아니라 체화에 의해 자연스럽게 나오는 것처럼 영어도 무조건 외울 게 아니라 먼저 영어의 어순 개념을 이해하고 충분한 연습을 통해 익숙해지도록 해야 합니다.

동사는 문장의 핵심이다!

영어는 동사 중심의 언어입니다. 문장의 성분 가운데 어느 것이 중요하고 어느 것은 덜 중요하다고 할 수 없지만 영어에서 동사는 매우 중요한 역할을 합니다. 동사가 영어 문장에서 중요한 이유는 단어 하나만으로도 의미를 전달할 수 있고, 문장에 대한 가장 많은 정보를 전달하는 것도 동사이기 때문입니다.

동사의 모양을 보면 주어가 몇 인칭인지, 시제가 현재인지 과거인지 미래인지, 능동인지 수동인지, 문장이 실제 일어나고 있는 일인지 가정해서 말하는 것인지 알 수 있습니다.

영어는 복잡해 보이지만 언어라는 것이 아무렇게나 만들어진 것이 아니고 오랫동안 사용되어 오면서 어렵고 잘 쓰지 않는 것은 사라지고 더 사용하기 편하고 배우기 쉽도록 변하게 되어 있습니다. 물론 예외라는 것은 어느 언어에나 조금씩은 존재하기 마련입니다.

영어는 그렇게 어려운 언어가 아닙니다. 우리말에 대한 개념이 이미 잡혀 있다면 더 배우기 쉬울 수도 있습니다. 가장 기본적인 문법을 토대로 영어의 어순을 문장을 통해 반복적으로 연습하다 보면 영어적인 발상을 통해 자연스럽게 문장을 만들 수 있게 될 것입니다.

이책의 구성 및 특징

1. 기본적인 문법사항만 익힙니다.

외국어 학습에서 가장 기본이 되는 문법은 필수 사항입니다. 영어 문장을 이해하고 만드는 데 꼭 필요한 기본적인 문법 사항만 정리해 두었습니다. 자세한 문법 사항을 제시하기보다는 기본적인 개념을 습득하고 문장을 활용하는 데 도움이 되는 사항에 중점을 두었습니다.

2. 문장을 패턴화하여 체계적으로 기억합니다.

어려운 문법 용어를 최소한으로 사용하면서 영어 문장의 구조를 패턴으로 공식화하여 긍정문과 부정문, 의문문 등 변형된 문장의 형식들을 쉽게 이해하고 기억할 수 있습니다.

3. 포켓북, 들고 다니면서 공부할 수 있습니다.

이 책은 포켓북이므로 들고 다니면서 읽기와 듣기 공부하기에 편합니다. 그리고 써보는 것도 중요하므로 가능하면 별도의 쓰기노트를 마련하여 쓰기연습을 하면서 입체적으로 영어공부의 완성하십시오.

이 책의 내용

PART 01 be동사

01 …은 ~이에요[해요] 23
02 …은 ~이 아니에요[하지 않아요] 25
03 …은 ~이에요[해요]? 27
04 …은 ~아니에요[안 해요]? 29
05 …은 ~이었어요[했어요] 31
06 …은 ~이 아니었어요[하지 않았어요] 33
07 …은 ~이었어요[했어요]? 35
08 …은 ~아니었어요[하지 않았어요]? 37
09 …은 ~이 될 거예요[할 거예요] 39
10 …은 ~이 되지 못할 거예요[하지 않을 거예요] 41
11 …은 ~되겠죠[하겠죠]? 43
12 …은 ~입니다 45
13 …은 ~입니다 47
14 …은 …의 ~입니다 49
15 …은 (어디에) 있어요 51
16 ~이[가] 있어요 53

PART 02 일반동사

01 …은 ~해요 59
02 …은 ~해요 61
03 …은 ~하지 않아요 63
04 …은 ~해요? 65
05 …은 ~하지 않아요? 67
06 …은 ~했어요 69
07 …은 ~하지 않았어요 71
08 …은 ~했어요? 73
09 …은 ~하지 않았어요? 75

10 …은 ~할 거예요 77

11 …은 ~할 거예요 79

12 …은 ~하지 않을 거예요 81

13 …은 ~할 거예요[할까요]? 83

PART 03 동사의 진행형

01 …은 ~하고 있어요[하는 중이에요] 89

02 …은 ~하고 있지 않아요 91

03 …은 ~하고 있어요? 93

04 …은 ~하고 있지 않나요? 95

05 …은 ~하고 있었어요[하는 중이었어요] 97

06 …은 ~하고 있지 않았어요 99

07 …은 ~하고 있었어요? 101

08 …은 ~하고 있지 않았나요? 103

09 …은 ~하고 있을 거예요 105

10 …은 ~하고 있지 않을 거예요 107

PART 04 의문사 etc.

01 …은 ~하죠?/~안 그래요? 113

02 …은 ~하지 않죠?/~그렇죠? 115

03 …은 ~예요[해요], 아니면 ~예요[해요]? 117

04 ~은 어디 있어요?/어디예요? 119

05 ~은 언제예요?/언제 ~해요? 121

06 …은 어떻게 ~해요?/얼마나 ~예요? 123

07 왜 ~해요? 125

08 ~은 뭐예요? 127

09 ~은 누구예요?/누가 ~했어요? 129

10 ~은 어느 쪽이에요?/어느 것이 ~예요? 131

11 ~은 누구 거예요?/누구의 ~예요? 133

12 얼마나 ~인가!/정말 ~인걸! 135
13 얼마나 ~인가!/정말 ~인걸! 137
14 ~하세요 139
15 ~하지 마세요 141
16 ~합시다 143
17 …은 ~해요 145
18 …은 ~이에요[해요] 147
19 …은 ~을 ~해요 149
20 …은 ~에게 ~을 ~해요 151
21 …은 ~인[하는] ~을 ~해요 153

PART 05 조동사

01 …은 ~할 수 있어요 159
02 …은 ~할 수 없어요[못해요] 161
03 …은 ~할 수 있어요? 163
04 …은 ~해도 되요/~일지도 몰라요/아마 ~일 거예요 165
05 …은 ~하면 안 돼요/~이 아닐지도 몰라요/
아마 ~이 아닐 거예요 167
06 …은 ~ 해도 될까요? 169
07 …은 ~해야 해요/~임에 틀림없어요 171
08 …은 ~하면 안 돼요 173
09 …은 ~해야 해요? 175
10 …은 ~해야 해요 177
11 …은 ~할 필요 없어요 179
12 …은 ~해야 해요? 181

PART 06 비교급과 최상급 etc.

01 …은 ~만큼 …해요 187
02 …은 ~만큼 …합니까? 189

03 …은 ~만큼 …하지 않아요 191
04 …은 ~만큼 …하지 않나요? 193
05 …은 ~보다 더 ~해요 195
06 …은 ~보다 더 ~해요? 197
07 …은 가장 ~해요 199
08 …은 가장 ~해요? 201
09 날씨가 ~해요 203
10 ~시예요 205
11 ~요일이에요/~일이에요 207
12 …하는 것은 ~이에요 209
13 …은 ~을 ~해요 211

PART 07 완료시제 etc.

01 ~하는 것 217
02 ~하기 위한 219
03 ~하기 위해/~해서 221
04 ~하는 것 223
05 …은 줄곧 ~하고 있어요 225
06 …은 (지금까지) ~한 적이 있어요 227
07 …은 ~했어요 229
08 …은 ~했어요 231
09 …은 ~하고 있어요 233
10 ~했었어요/~였었어요 235
11 ~일 거예요/~했을 거예요 237
12 …은 ~에게 ~하게 했어요 239
13 …은 ~를 보았어요[들었어요/느꼈어요 등] 241
14 …은 ~에 의해서 ~되었어요 243
15 …은 ~에 의해서 ~되지 않아요 245
16 …은 ~에 의해서 ~되었어요? 247

>> 알파벳 문자 <<

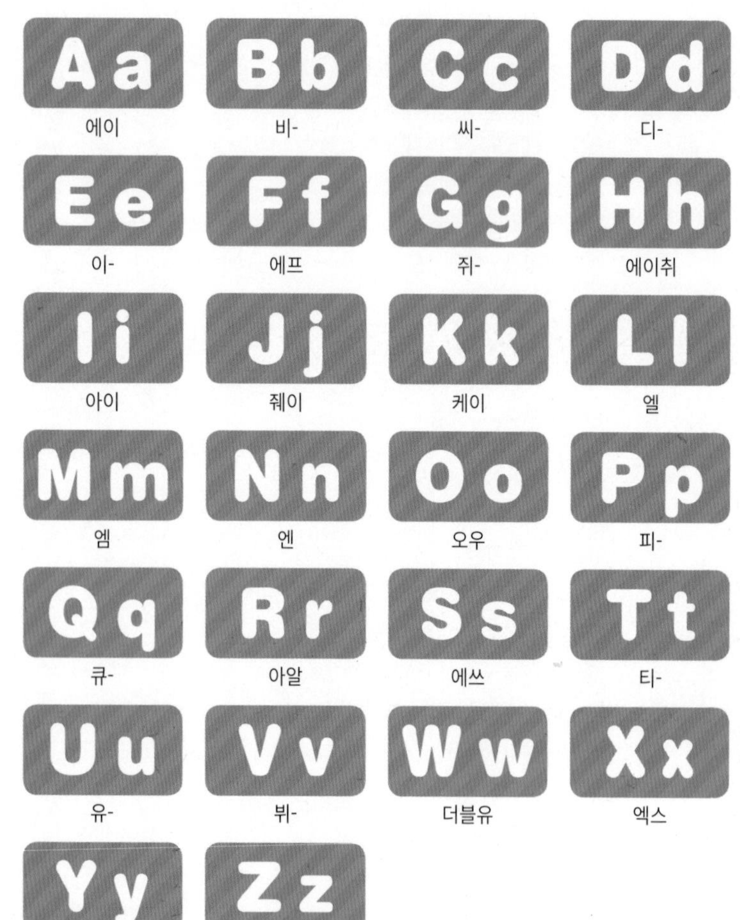

알파벳의 대문자와 소문자

위의 알파벳 문자표 왼쪽에 있는 ABCDEFGHIJKLMNOPQRSTUVWXYZ를 대문자라 하고, 오른쪽에 있는 abcdefghijklmnopqrstuvwxyz를 소문자라고 합니다.
원래는 대문자밖에 없었으나 쓰기 불편하고 문장의 구분을 위해서 소문자가 생겨났다고 합니다.

>> 알파벳 소리 <<

A	B	C	D
애	브	크	드
E	**F**	**G**	**H**
에	프	그	흐
I	**J**	**K**	**L**
이	즈	크	르
M	**N**	**O**	**P**
므	느	오	프
Q	**R**	**S**	**T**
크어	르	스	트
U	**V**	**W**	**X**
어	브	우어	크스
Y	**Z**		
이	즈		

>> 알파벳과 단어 읽는 법 <<

ㄱ + ㅐ → 개

[기역 애] [개]

d + o + g → dog

[디 오 지] [독]

우리말에 '개'를 '기역, 애'라고 따로 떼어서 읽지 않듯이 영어에서도 dog을 '디, 오, 지'라고 읽지 않고 '독'이라고 읽습니다.

알파벳은 '소리'를 나타내는 문자입니다. 그러므로 '문자 그 자체'를 읽는 것이 아니라, 그 문자가 '단어의 일부 되었을 때 읽는 법'을 아는 것이 매우 중요합니다. 즉, 우리말에서 ㄱ, ㄴ, ㄷ, ㄹ... 등의 자음과 ㅏ,ㅑ,ㅓ,ㅕ,ㅗ,ㅛ... 등의 모음이 합쳐져 하나의 음절을 이루고, 그 음절이 모여 단어가 되듯이 영어도 위의 예처럼 마찬가지입니다.

모음

Aa	Ee	Ii	Oo	Uu
map [맵] 지도	**pen** [펜] 펜	**sit** [씯] 앉다	**toy** [토이] 장난감	**cup** [컾] 컵

자음

B b	boy [보이] 소년	C c	cat [캩] 고양이	D d	duck [덕] 오리
F f	fish [피쉬] 물고기	G g	girl [거-ㄹ얼] 소녀	H h	hat [햍] 모자
J j	jelly [젤리] 젤리	K k	king [킹] 왕	L l	lion [라이언] 사자
M m	money [머니] 돈	N n	name [네임] 이름	P p	pig [피그] 돼지
Q q	queen [퀸-] 여왕	R r	rock [랔] 바위	S s	sun [썬] 태양
T t	tiger [타이거ㄹ] 호랑이	V v	vase [베이스] 꽃병	W w	window [윈도우] 창문
X x	box [박스] 박스	Y y	yellow [옐로우] 노랑	Z z	zoo [주-] 동물원

다음 알파벳은 위의 소릿값과 다르게 읽는 경우도 있습니다.

C c	city [씨티] 도시	G g	orange [오린쥐] 오렌지	S s	rose [로 즈] 장미

내 손에서 만만하게 시작하는 포켓북 영어 첫걸음!

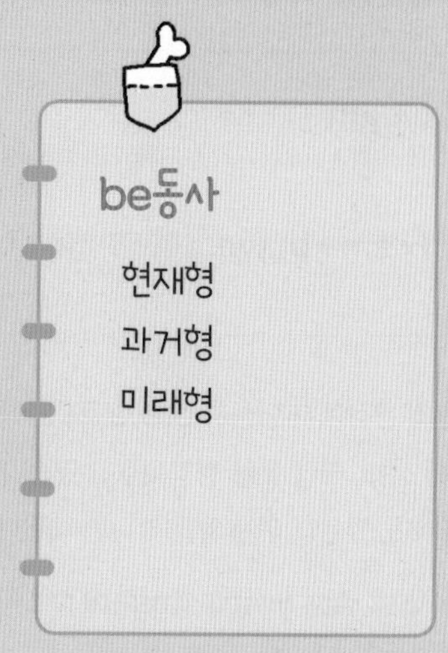

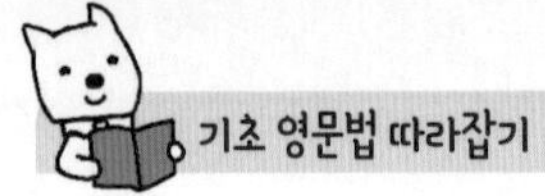

1 be동사가 뭐야?

be동사는 우리말의'~이다, 존재하다, 있다'에 해당하는 영어의 동사 중 하나로, 주어(문장의 주인공)의 움직임이 아닌 **상태를 나타내는 동사**입니다. be동사는 동사 중에서도 많이 쓰이며 종류로는 am, are, is가 있습니다. 주어와 be동사만으로 문장이 이루어질 수 없기 때문에 반드시 형용사나 명사가 be동사 뒤에 와서 주어의 상태를 보충 설명해줍니다.

주어 + be동사 + 형용사 또는 명사
↓
주어가 어떤 상태인지, 어떤 것인지, 혹은 누구인지 보충설명

다음 문장을 자세히 살펴볼까요!

I + **am** 나는 ~이다.
주어 동사
→ 어라 나는 뭐지? 이 문장만으로는 주어가 어떤 상태인지 알 수가 없다!

I + am + **brave.** 나는 용감하다. / I + am + **a student**. 나는 학생이다.
형용사 명사

위의 문장에서 형용사 brave(용감한) 혹은 명사 student(학생)가 와서 주어 I의 상태, 직업 등을 설명해주고 있습니다. I am만으로 완전한 문장이 되는 경우도 있는데 이는 질문에 대한 대답에서만 가능합니다.

질문 : Are you a student? 넌 학생이니?

대답 : Yes, **I am** (a student). 네, 맞습니다.

여기서는 Yes, I am.으로 대답할 수 있지만 그 뒤에 (a student)가 생략되어 있음을 알 수 있습니다.

또한 be동사는 '있다'라는 뜻으로도 쓰입니다.

I **am** here. 나는 여기에 있습니다.

She **is** in Jong-ro. 그녀는 종로에 있습니다.

2 be동사의 변화형

be동사는 am, are, is라는 여러가지 분신이 있습니다. be동사는 시제(현재, 과거, 미래 시간의 범주)와 문장의 형태에 따라서 다르게 변신하여 사용되며, be동사 원형 그대로 쓰이기도 합니다.

원형	현재형	과거형	과거분사형
be	am, are, is	was, were	been

문장 속에서 be동사의 다양한 쓰임을 살펴보면,

❶ 진행형에서 **be동사 + 동사ing**의 형태로 '~하는 중이다'

I **am** study**ing**. 나는 공부 중이다.

❷ 수동형에서 **be동사 + 동사의 과거분사형**의 형태로 '~되었다'

My purse **was stolen**. 내 지갑을 도둑맞았다.

❸ 조동사 뒤나 명령형에서는 **원형**으로 쓰입니다.

I will **be** a teacher. 나는 선생님이 될 거야. / **Be** quiet! 조용히 해.

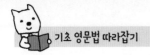

너무 어렵다고요? be동사는 부르는 곳이 많아서 모양을 바꿔가며 여기저기 참 많이 쓰입니다. 일단 be동사의 형태만 알아 두고 나중에 문장에서 자세하게 익혀보세요.

3 인칭에 따른 be동사의 변화

주어는 가리키는 대상별로 1인칭, 2인칭, 3인칭으로 나눌 수 있는데 인칭(사람을 가리키는 범주)에 따라 쓰이는 be동사의 모양이 달라집니다. 여기서 단수는 '하나' 복수는 '여럿'을 가리킵니다. 문장을 활용할 때 반드시 알고 있어야 하므로 꼭 암기해 주세요.

단수	1인칭	I (나)	am	복수	1인칭	We (우리들)	are
	2인칭	You (너, 당신)	are		2인칭	You (당신들)	are
	3인칭	He (그, 그 남자)	is		3인칭	They (그들, 그것들)	are
		She (그녀, 그 여자)					
		It (그것)					

be동사는 주어와 함께 아래와 같이 줄여 쓸 수 있습니다. 실제 회화에서는 축약형을 많이 사용합니다.

I am = I'm	You are = You're	
He is = He's	She is = She's	It is = It's
We are = We're	You are = You're	They are = They're

...은 ~이에요[해요]

주어 + be동사(현재형) ~. (현재형 긍정문)

A : **Who is that man?**

후 이즈 댓 맨

저 남자는 누구예요?

B : **He is a baker.**

히 이즈 어 베이커

그는 빵집 주인이에요.

학습포인트!

be동사를 사용해서 '현재의 사실'을 나타내는 표현입니다. '주어+be동사+명사'로 나타내며, 명사 자리에는 이름, 직업 등을 넣을 수 있습니다. 또한 명사 자리에 들어가는 단어가 단수인 경우에는 단어 앞에 a를 붙이며, 뒤의 단어가 모음으로 시작할 때는 an을 붙입니다. 그리고 명사가 복수인 경우에는 단어 뒤에 -s 또는 -es를 붙인다는 것도 알아두세요.

영어 녹음을 듣고 소리내어 읽어볼까요?

나는 학생입니다.

I am a student.

아이 엠 어 스튜던트

당신은 선생님이군요.

You are a teacher.

유 알 어 티처

그는 빵 만드는 사람이에요.

He is a baker.

히 이즈 어 베이커

그녀는 요리사예요.

She is a cook.

쉬 이즈 어 쿡

우리는 뚱뚱해요.

We are fat.

위 알 팻

그들은 키가 커요.

They are tall.

데이 알 톨

A: 저 남자는 누구예요? □ □ □

B: 그는 빵집 주인이에요.

...은 ~이 아니에요[하지 않아요]

주어 + be동사(현재형) not ~. (현재형 부정문)

A: **I am not happy.**

아이 엠 낫 해피

나는 행복하지 않아요.

B: **Why? What happened?**

와이? 왓 해펀드

왜? 무슨 일 있어요?

학습포인트!

be동사의 부정문은 be동사 바로 뒤에 not을 붙여주면 됩니다. not은 '~이(가) 아닌'이라는 부정의 뜻을 가지고 있습니다. 그래서 'be동사+not+명사'는 '~이(가) 아니다(I am not a student. 나는 학생이 아닙니다)'라는 뜻이 되고, 'be동사+not+형용사'는 '~하지 않다(I am not happy. 나는 행복하지 않습니다)'라는 뜻으로 상태를 부정하는 표현이 됩니다.

영어 녹음을 듣고 소리내어 읽어볼까요?

나는 학생이 아니에요.

I am not a student.

아이 엠 낫 어 스튜던트

당신은 선생님이 아니군요.

You are not a teacher.

유 알 낫 어 티처

그는 빵 만드는 사람이 아니에요.

He is not a baker.

히 이즈 낫 어 베이커

그녀는 요리사가 아니에요.

She is not a cook.

쉬 이즈 낫 어 쿡

우리는 뚱뚱하지 않아요.

We are not fat.

위 알 낫 팻

그들은 키가 크지 않아요.

They are not tall.

데이 알 낫 톨

A: 나는 행복하지 않아요. □ □ □

B: 왜? 무슨 일 있어요?

학습일 /

…은 ~이에요[해요]?

be동사(현재형) + 주어 ~? (현재형 의문문)

A: **Are you a student?**

알 유 어 스튜던트

학생이세요?

B: **Yes, I am.**

예스, 아이 엠

네, 맞아요.

학습포인트!

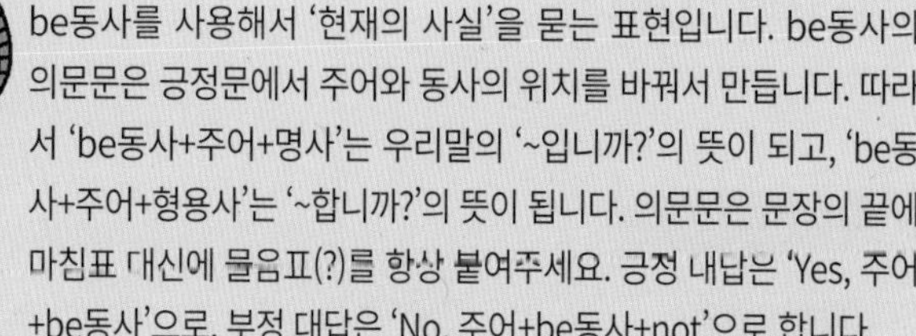

be동사를 사용해서 '현재의 사실'을 묻는 표현입니다. be동사의 의문문은 긍정문에서 주어와 동사의 위치를 바꿔서 만듭니다. 따라서 'be동사+주어+명사'는 우리말의 '~입니까?'의 뜻이 되고, 'be동사+주어+형용사'는 '~합니까?'의 뜻이 됩니다. 의문문은 문장의 끝에 마침표 대신에 물음표(?)를 항상 붙여주세요. 긍정 내답은 'Yes, 주어+be동사'으로, 부정 대답은 'No, 주어+be동사+not'으로 합니다.

영어 녹음을 듣고 소리내어 읽어볼까요?

학생이세요?

Are you a student?

알 유 어 스튜던트

그녀는 선생님입니까?

Is she a teacher?

이즈 쉬 어 티처

그는 빵 만드는 사람인가요?

Is he a baker?

이즈 히 어 베이커

그녀는 요리사예요?

Is she a cook?

이즈 쉬 어 쿡

그는 뚱뚱해요?

Is he fat?

이즈 히 팻

그들은 키가 커요?

Are they tall?

알 데이 톨

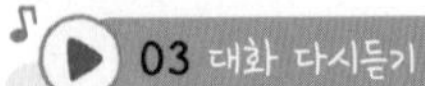

A: 학생이세요?

B: 네, 맞아요.

□ □ □

...은 ~아니에요[안 해요]?

be동사(현재형) + not + 주어 ~? (현재형 부정의문문)

A: **Aren't you hot?**

안츄 핫

덥지 않니?

B: **Yes, I am.**

예스, 아이 엠

응, 더워.

학습포인트!

be동사의 부정의문문은 be동사의 부정문을 의문문으로 다시 바꾸면 됩니다. 즉, '~이(가) 아니다'의 문장을 '~이(가) 아니야?'로 바꾸는 것입니다. be동사 뒤에 not을 넣어 만든 부정문에서 주어와 동사의 위치만 바꿔주면 부정의문문이 됩니다. 부정의문문이므로 대답할 때는 본동사에 초점을 두어 긍정이면 Yes, ~로, 부정이면 No, ~로 대답합니다.

영어 녹음을 듣고 소리내어 읽어볼까요?

학생이 아니세요?

Aren't you a student?

안츄 어 스튜던트

몸이 좋지 않으세요?

Aren't you feeling well?

안츄 필링 웰

그녀는 선생님이 아니에요?

Isn't she a teacher?

이즌트 쉬 어 티처

테이블 위에 없어요?

Isn't it on the table?

이즌트 잇 온 더 테이블

아이가 너무 귀엽지 않니?

Isn't the baby the sweet thing?

이즌트 더 베이비 더 스윗 씽

가격이 좀 비싸지 않아요?

Isn't the price a bit high?

이즌트 더 프라이스 어 빗 하이

04 대화 다시듣기

A: 덥지 않니? □ □ □

B: 응, 더워.

...은 ~이었어요[했어요]

주어 + be동사(과거형) ~. (과거형 긍정문)

A: **Why didn't you come to the party?**

와이 디든츄 컴 투 더 파티

왜 파티에 안 왔니?

B: **Sorry, I was busy.**

쏘리, 아이 워즈 비지

미안, 바빴어.

학습포인트!

be동사의 과거형은 was와 were가 있습니다. 이 동사들도 마찬가지로 인칭에 따라 변화합니다. 보충해주는 말이 명사이면 우리말의 '~이었다(I was a student. 나는 학생이었습니다)'로, 보충해주는 말이 형용사(명사를 꾸며주는 말)이면 우리말의 '~했다(I was busy. 나는 바빴습니다)'의 뜻으로 주어의 과거 상태나 성격 등을 나타내게 됩니다.

녹음을 듣고 소리내어 읽어볼까요?

나는 학생이었어요.

I was a student.

아이 워즈 어 스튜던트

당신은 선생이었죠.

You were a teacher.

유 워ㄹ 어 티처

그는 빵 만드는 사람이었어요.

He was a baker.

히 워즈 어 베이커

그녀는 요리사였어요.

She was a cook.

쉬 워즈 어 쿡

그는 뚱뚱했어요.

He was fat.

히 워즈 팻

그들은 키가 컸어요.

They were tall.

데이 워ㄹ 톨

A: 왜 파티에 안 왔니? □ □ □

B: 미안, 바빴어.

...은 ~이 아니었어요[하지 않았어요]

주어 + be동사(과거형) + not ~. (과거형 부정문)

A: **He was fat, wasn't he?**

히 워즈 팻, 워즌트 히

그는 뚱뚱했어, 그렇지 않니?

B: **No, he was not fat.**

노, 히 워즈 낫 팻

아니야, 그는 뚱뚱하지 않았어.

학습포인트!

be동사 과거형의 부정문은 be동사 현재형의 부정문과 마찬가지로 be동사 뒤에 not을 붙여주는 것만으로 간단하게 만들 수 있습니다. 'was/were not+보충해주는 말(명사/형용사)'의 형태일 경우에는 '~이(가) 아니었다/~(하)지 않았다'로 해석합니다.

He was not fat. (나는 뚱뚱하지 않았습니다.)

I was not a student. (나는 학생이 아니었습니다.)

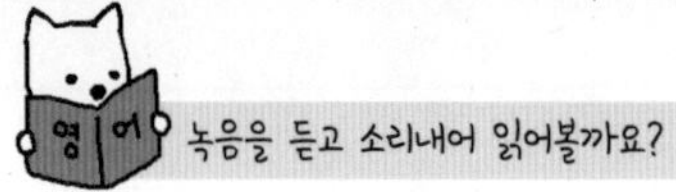

녹음을 듣고 소리내어 읽어볼까요?

나는 학생이 아니었어요.

I was not a student.

아이 워즈 낫 어 스튜던트

당신은 선생님이 아니었군요.

You were not a teacher.

유 워ㄹ 낫 어 티처

그는 빵 만드는 사람이 아니었어요.

He was not a baker.

히 워즈 낫 어 베이커

그녀는 요리사가 아니었어요.

She was not a cook.

쉬 워즈 낫 어 쿡

그는 뚱뚱하지 않았어요.

He was not fat.

히 워즈 낫 팻

그들은 키가 크지 않았어요.

They were not tall.

데이 워ㄹ 낫 톨

A: 그는 뚱뚱했어, 그렇지 않니?

B: 아니야, 그는 뚱뚱하지 않았어.

...은 ~이었어요[했어요]?

be동사(과거형) + 주어 ~? (과거형 의문문)

A: **Was she a singer?**

워즈 쉬 어 싱어

그녀는 가수였어요?

B: **Yes, she was a famous singer.**

예스, 쉬 워즈 어 페이머스 싱어

네, 유명한 가수였어요.

be동사 과거형 의문문은 현재형 의문문과 마찬가지로 be동사를 앞으로 내보내기만 하면 됩니다. 'Was/Were+주어+보충해 주는 말(명사/형용사)'의 형태로 '~였어?/~했어?'로 해석합니다. 의문문이므로 맨 뒤에 물음표(?)를 붙이는 것을 잊어서는 안 됩니다. 대답할 때 긍정이면 Yes, 부정이면 No로 대답하며, 동사는 인칭에 따라 was, were로 합니다.

영어 녹음을 듣고 소리내어 읽어볼까요?

당신은 선생님이었어요?

Were you a teacher?

워ㄹ 유 어 티처

그는 빵 만드는 사람이었나요?

Was he a baker?

워즈 히 어 베이커

그녀는 가수였어요?

Was she a singer?

워즈 쉬 어 싱어

그녀는 요리사였어요?

Was she a cook?

워즈 쉬 어 쿡

그는 뚱뚱했어요?

Was he fat?

워즈 히 팻

그들은 키가 컸어요?

Were they tall?

워ㄹ 데이 톨

A: 그녀는 가수였어요?

B: 네, 유명한 가수였어요.

☐ ☐ ☐

...은 ~아니었어요[하지 않았어요]?

be동사(과거형) + not + 주어 ~? (과거형 부정의문문)

A: Weren't you an English teacher?

원츄 언 잉글리쉬 티처

당신은 영어 선생이 아니었어요?

B: Yes, I was a history teacher.

예스, 아이 워즈 어 히스토리 티처

예, 역사 선생이었어요.

학습포인트!

be동사의 과거형 부정의문문이라고 하면 왠지 점점 더 어려워지는 느낌이지만, be동사의 의문문의 단 한가지 공식. 'be동사가 맨 앞으로 가면 의문문이 된다'라는 것만 알고 있으면 됩니다. 보충해 주는 말이 명사일 경우에는 우리말의 '~이 아니었어?, 형용사일 경우에는 '~하지 않았어?'로 해석합니다.

녹음을 듣고 소리내어 읽어볼까요?

당신은 선생님이 아니었어요?

Weren't you a teacher?

원츄 어 티처

그는 빵 만드는 사람이 아니었나요?

Wasn't he a baker?

워즌트 히 어 베이커

그녀는 가수가 아니었어요?

Wasn't she a singer?

워즌트 쉬 어 싱어

그녀는 요리사가 아니었어요?

Wasn't she a cook?

워즌트 쉬 어 쿡

그는 뚱뚱하지 않았어요?

Wasn't he fat?

워즌트 히 팻

그들은 키가 크지 않았어요?

Weren't they tall?

원트 데이 톨

A: 당신은 영어 선생이 아니었어요?

B: 예, 역사 선생이었어요.

□ □ □

...은 ~이 될 거예요[할 거예요]

주어 + will be ~. (미래형 긍정문)

A: I want to be a teacher.

아이 원투 비 어 티처

나는 선생님이 되고 싶어요.

B: Great! You will be a good teacher.

그레잇! 유 일 비 어 굿 티처

훌륭해요!
당신은 좋은 선생님이 될 거예요.

학습포인트!

be동사의 미래형에는 '~이 될 것이다(~할 것이다)'라는 미래의 뜻을 가지고 있는 조동사 will을 씁니다. will은 be동사의 앞에 위치하게 되며 조동사의 다음에 오는 동사는 반드시 원래의 형태로 쓰이게 되므로 am, are, is 등의 원래 모습인 be를 쓰게 됩니다. 즉, 조동사 will 뒤에는 단수, 복수, 현재, 과거에 상관 없이 기본형인 be를 사용합니다.

녹음을 듣고 소리내어 읽어볼까요?

나는 훌륭한 학생이 될 거예요.

I will be a good student.

아이 윌 비 어 굿 스튜던트

나는 좋은 선생님이 될 거예요.

You will be a good teacher.

유 윌 비 어 굿 티처

그는 빵 만드는 사람이 될 거예요.

He will be a baker.

히 윌 비 어 베이커

그녀는 요리사가 될 거예요.

She will be a cook.

쉬 윌 비 어 쿡

나는 행복할 거예요.

I'll be happy.

아일 비 해피

그녀는 늦을 거예요.

She'll be late.

쉬일 비 레잇

A: 나는 선생님이 되고 싶어요.

B: 훌륭해요! 당신은 좋은 선생님이 될 거예요.

☐ ☐ ☐

Unit 10 ...은 ~이 되지 못할 거예요[하지 않을 거예요]

주어 + will not[won't] be ~. (미래형 부정문)

A: In the afternoon, there is a heavy traffic jam.

인 더 앱터눈, 데얼 이즈 어 해비 트래픽 잼

오후에는 교통체증이 심해요.

B: They won't be here in time.

데이 오운트 비 히얼 인 타임

그들은 제시간에 여기 오지 못하겠군요.

학습포인트!

미래형의 부정문 역시 not을 이용해서 만듭니다. 이때 not의 위치는 조동사 will의 바로 뒤에 오게 되는데 이때도 be동사는 원래의 모습 그대로입니다. will not의 줄임말은 won't입니다. will not be 다음에 명사가 오면 '~되지 못할 것이다'의 뜻을 나타내고, 형용사가 오면 우리말의 '~하지 않을 것이다'라는 뜻을 나타냅니다.

녹음을 듣고 소리내어 읽어볼까요?

나는 훌륭한 학생이 되지 못할 거예요.

I will not be a good student.

아이 윌 낫 비 어 굿 스튜던트

당신은 좋은 선생님이 되지 못할 거예요.

You will not be a good teacher.

유 윌 낫 비 어 굿 티처

그는 빵 만드는 사람이 되지 못할 거예요.

He will not be a baker.

히 윌 낫 비 어 베이커

그녀는 요리사가 되지 못할 거예요.

She will not be a cook.

쉬 윌 낫 비 어 쿡

오래 걸리지 않을 거예요.

I won't be long.

아이 오운트 비 롱

그들은 늦지 않을 거예요.

They won't be late.

데이 오운트 비 레잇

A: 오후에는 교통체증이 심해요.

B: 그들은 제시간에 여기 오지 못하겠군요.

☐ ☐ ☐

...은 ~되겠죠[하겠죠]?

Will + 주어 + be ~? (미래형 의문문)

A: **Will you be late?**

월 유 비 레잇

늦을 거예요?

B: **I expect so.**

아이 익스펙트 쏘

아마 그럴 거예요.

학습포인트!

의문문을 만들 때는 주어와 동사의 위치가 바뀐다고 앞에서 배웠죠? 하지만 조동사가 있는 경우에는 조동사가 본동사보다 우선합니다. 일반 문장에서는 의문문을 만들 때 be동사를 맨 앞으로 내놓았지만 미래형 의문문을 만들 때는 미래조동사 will을 맨 앞으로 빼고 be동사는 그대로 둡니다.

녹음을 듣고 소리내어 읽어볼까요?

당신은 선생님이 되겠죠?

Will you be a teacher?

윌 유 비 어 티처

그는 빵 만드는 사람이 될까요?

Will he be a baker?

윌 히 비 어 베이커

그녀는 가수가 되겠죠?

Will she be a singer?

윌 쉬 비 어 싱어

그녀는 요리사가 될까요?

Will she be a cook?

윌 쉬 비 어 쿡

그는 바빠지겠죠?

Will he be busy?

윌 히 비 비지

그들은 늦겠죠?

Will they be late?

윌 데이 비 레잇

A: 늦을 거예요?

B: 아마 그럴 거예요.

□ □ □

학습일 /

...은 ~입니다

This[That/It] + be동사 ~. (지시사 단수)

A: **What's that?**

왓츠 댓

그게 뭐예요?

B: **It's a peach.**

잇츠 어 피취

복숭아예요.

학습포인트!

this, that, it은 지시사입니다. 지시사는 어떤 특정한 명사를 가리키기 위해 사용되는 한정사이고, 한정사는 말하고자 하는 범위를 구체적으로 한정해 주는 형용사 역할을 합니다. 한정사에는 ① 관사(a(n), the), ② 지시사(this, that, it, these, those, its), ③ 소유격(my, your, his, her, our, its, their) ④수량 표현(many, much) ⑤ 기타(all, some) 등이 있습니다.

녹음을 듣고 소리내어 읽어볼까요?

이것은 펜입니다.

This is a pen.

디스 이즈 어 펜

이것은 책입니다.

This is a book.

디스 이즈 어 북

저것은 책상입니다.

That is a desk.

댓 이즈 어 데스크

그것은 의자입니다.

It is a chair.

잇 이즈 어 체어

저것은 사과입니다.

That is an apple.

댓 이즈 언 애플

그것은 배입니다.

It is a pear.

잇 이즈 어 페어

A: 그게 뭐예요?

B: 복숭아예요.

☐ ☐ ☐

...은 ~입니다

These[Those] + be동사 ~. (지시사 복수)

A: **What are those?**

워라 도우즈

저것들은 뭐예요?

B: **Those are apples.**

도우즈 알 애플즈

저것들은 사과예요.

학습포인트!

지시사 단수형에는 this, that, it 등이 있고, 지시사 복수형에는 these, those 등이 있습니다. this/these는 this shop(이 가게), these days(요즘)처럼 가까운 것, 즉 현재 상황(시간, 장소)을 말할 때 쓰고, that/those는 that shop(저 가게), in those days(그 당시에)처럼 먼 것, 즉 과거 상황(시간, 장소)을 말할 때 씁니다.

녹음을 듣고 소리내어 읽어볼까요?

이것들은 펜입니다.

These are pens.

디즈 알 펜즈

이것들은 책입니다.

These are books.

디즈 알 북스

이것들은 책상입니다.

These are desks.

디즈 알 데스크스

저것들은 의자입니다.

Those are chairs.

도우즈 알 체얼즈

저것들은 사과입니다.

Those are apples.

도우즈 알 애플즈

저것들은 배입니다.

Those are pears.

도우즈 알 페어즈

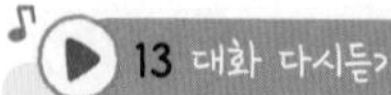

A: 저것들은 뭐예요? □ □ □

B: 저것들은 사과예요.

...은 ...의 ~입니다

주어 + be동사 + 소유격 ~.

말해볼까요?

A: Whose bike is this?

후즈 바이크 이즈 디스

이 자전거 누구 거야?

B: It's my bike.

잇츠 마이 바이크

내 자전거야.

학습포인트!

소유격은 '~의'라는 뜻으로 주어가 누구의 것인지 소유권을 나타내는 표현입니다. 소유격의 종류는 my(나의), your(너의), his(그의), her(그녀의), our(우리의), its(그것의), their(그들의) 등이 있습니다. 명사의 소유격을 만들 때는 일반적으로 명사에 's를 붙여서 만듭니다. Tom's eyes(톰의 눈), the dog's tail(개의 꼬리), my sister's room(내 여동생의 방)

영어 녹음을 듣고 소리내어 읽어볼까요?

이것은 내 펜입니다.

This is my **pen.**

디스 이즈 마이 펜

저것은 당신의 펜입니다.

That is your **pen.**

댓 이즈 유얼 펜

그것은 그의 책상입니다.

It is his **desk.**

잇 이즈 히즈 데스크

그것은 그녀의 의자입니다.

It is her **chair.**

잇 이즈 헐 체어

이것들은 우리의 사과입니다.

These are our **apples.**

디즈 알 아워 애플즈

저것들은 그들의 배입니다.

Those are their **pears.**

도우즈 알 데어 페어즈

A: 이 자전거 누구 거야? □ □ □

B: 내 자전거야.

...은 (어디에) 있어요

주어 + be동사 + 장소를 나타내는 어구

A: **Daddy, where are you?**

대디, 웨얼 알 유

아빠, 어디 계세요?

B: **I am in the living room now.**

아이 엠 인 더 리빙 룸 나우

나 지금 거실에 있어.

학습포인트!

장소를 나타내는 전치사에는 at, on, in이 있습니다. at은 비교적 좁은 장소, 한정된 장소, 명확한 장소에 사용하고, on은 a house on the Han River(한강 근처에 있는 집)처럼 어떤 장소와 가까운 곳을 나타낼 때 사용합니다. in은 in Seoul(서울에)처럼 비교적 넓은 지역이나 공간, 도시나 도시보다 큰 장소, 또는 어느 장소 안에 들어가 있을 때 사용합니다.

영어 녹음을 듣고 소리내어 읽어볼까요?

나 여기 있어요.

I am here.

아이 엠 히얼

당신은 거기에 있군요.

You are there.

유 알 데얼

그는 자기 사무실에 있어요.

He is in his office.

히 이즈 인 히즈 오피스

그들은 집에 있어요.

They are at home.

데이 알 앳 홈

그녀는 자기 방에 있어요.

She is in her room.

쉬 이즈 인 헐 룸

그것은 저쪽에 있어요.

It is over there.

잇 이즈 오버 데얼

A: 아빠, 어디 계세요?

B: 나 지금 거실에 있어.

학습일 /

Unit 16 ~이[가] 있어요

There + be동사 ~.

A: Look! There are some apples in the basket.

룩! 데얼 알 썸 애플즈 인 더 배스킷

봐! 바구니 안에 사과가 몇 개 들어 있어.

B: They look so delicious.

데이 룩 쏘 딜리셔스

정말 맛있겠다.

학습포인트!

There+be동사는 '~이(가) 있다'라는 뜻을 갖는데 there는 따로 해석하지 않습니다. be동사는 뒤에 오는 명사의 수와 시제에 따라 is, are, was, were를 사용합니다. 명사에는 a book, some apples처럼 관사가 꼭 붙는다는 거 아시죠? 그럼 셀 수 없는 명사인 경우에는 어떻게 해야 할까요? 그냥 단수로 취급해서 is를 씁니다.
There is water. (물이 있다.)

영어 녹음을 듣고 소리내어 읽어볼까요?

책이 한 권 있어요.

There is a book.

데얼 이즈 어 북

사과가 한 개 있어요.

There is an apple.

데얼 이즈 언 애플

펜이 하나 있어요.

There is a pen.

데얼 이즈 어 펜

책상이 하나 있어요.

There is a desk.

데얼 이즈 어 데스크

의자가 몇 개 있어요.

There are several chairs.

데얼 알 세브럴 체얼즈

사과가 조금 있어요.

There are some apples.

데얼 알 썸 애플즈

A: 봐! 바구니 안에 사과가 몇 개 들어 있어.

B: 정말 맛있겠다.

☐ ☐ ☐

내 손에서 만만하게 시작하는 포켓북 영어 첫걸음!

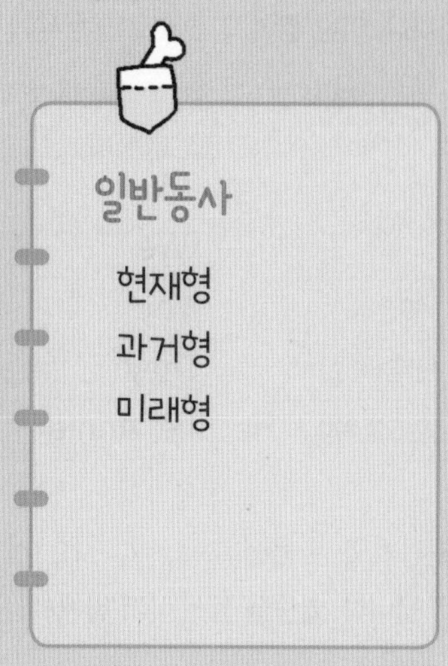

1 일반동사가 뭐야?

일반동사는 Be동사(am, are, is)와 조동사(will, must, should ...)를 제외한 have(가지다), like(좋아하다), study(공부하다) 등과 같은 모든 동사를 말합니다. **영어는 동사 중심의 언어**라고 할 수 있습니다. 단어 혼자서도 의미를 전달할 수 있고, 문장에 대한 가장 많은 정보를 전달하는 것도 동사이기 때문입니다. 동사의 모양만 보면 주어가 몇 인칭인지, 시제가 현재 과거 미래인지, 능동 수동인지 등에 대해 알 수 있습니다.

2 인칭에 따른 동사의 사용 규칙

일반동사도 be동사와 마찬가지로 인칭에 따라 변화를 하지만, 다행이도 3인칭 단수에서만 변화를 합니다. 3인칭 단수는 she, he, it과 같은 주어들입니다. 이런 주어가 앞에 오면 동사에 -s나 -es를 붙여줘야 합니다.

예) walk 걷다, 걸어간다 - walks

1인칭	I	walk	to school everyday.
	We		
2인칭	You		
3인칭(복수)	They		
3인칭(단수)	He, She, Annie	walks	

❶ 동사의 끝 음절이 -s, -x, -sh, -ch, -o로 끝나는 동사는 -es를 붙이게 됩니다. 발음을 쉽게 하기 위해서입니다.

go - goes relax - relaxes pass - passes

② 동사의 끝 음절이 y로 끝나게 되면 y를 i로 고치고 그 뒤에 -es를 붙입니다.

study - studies carry - carries try - tries

③ 예외로 have(가지다)라는 동사는 3인칭 단수에서 haves가 아니라 has로 변합니다.

3 일반동사의 변화형

일반동사도 앞의 be동사와 마찬가지로 과거, 과거분사형이 있습니다. 일반동사는 동사의 원형에 -(e)d를 붙여 과거, 과거분사형을 만드는 규칙동사와, 불규칙한 형태로 과거, 과거분사형이 되는 불규칙동사로 나눌 수 있습니다.

① 동사의 끝 음절이 -e로 끝나는 동사는 -d를 붙입니다.

like - liked - liked

② 동사의 끝 음절이 y로 끝나게 되면 y를 i로 고치고 그 뒤에 -ed를 붙입니다.

study - studied - studied

③ 동사의 끝 음절이 '짧게 발음하는 모음과 자음'으로 끝나는 단음절 동사는 마지막 자음을 하나 더 써주고 -ed를 붙입니다.

stop - stopped - stopped

④ 그 밖의 규칙동사는 모두 어미에 -ed를 붙여 과거와 과거분사형을 만듭니다. 불규칙 동사는 변화 유형별로 나누기도 하지만, 사전을 보고 틈틈이 소리를 내어보면서 외워두는 것이 좋습니다.

put - put - put come - came - come

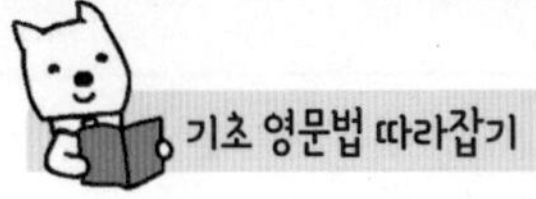

begin - began - begun

일반동사의 현재형이나 과거형, 분사형을 만드는 데는 위의 기본적인 규칙 외에도 약간의 예외들이 있습니다. 그러므로 이런 단어의 규칙은 따로 정리하고 연습을 통해 알아두시기 바랍니다.

4 do와 does

일반동사는 be동사와 달리 부정문이나 의문문을 만들 때 do동사를 사용합니다. 인칭에 따라서 do나 does를 구분해서 문장을 만듭니다. 이때, do/does로 인칭을 구별할 수 있기 때문에 동사 뒤에는 -s나 -es를 붙일 필요가 없습니다. 그리고 과거형은 인칭에 상관없이 did를 사용하며, 부정형은 did not입니다. 줄여서 didn't라고 합니다.

<table>
<tr><td rowspan="2">1인칭</td><td>I</td><td rowspan="4">do not
(don't)</td><td rowspan="5">walk to school everyday.</td></tr>
<tr><td>We</td></tr>
<tr><td>2인칭</td><td>You</td></tr>
<tr><td>3인칭(복수)</td><td>They</td></tr>
<tr><td>3인칭(단수)</td><td>He, She
Annie</td><td>does not
(doesn't)</td></tr>
</table>

...은 ~해요

주어 + 동사원형 (현재형 긍정문)

A: They work hard for you all day long.

데이 웍 하드 풔 유 올 데이 롱

그들은 당신을 위해 하루 종일 열심히 일해요.

B: I know, I appreciate that.

아이 노우, 아이 어프리쉬에잇 댓

알아요, 그것에 대해 감사하고 있어요.

학습포인트!

주어+동사원형으로 표현되는 단순 현재형은 습관, 일반적인 사실이나 진리, 반복적으로 일어나는 일이나 변하지 않는 상황, 감정이나 희망을 표현할 때, 지침이나 방향 등을 설명할 때, 현재나 미래의 정해진 약속을 표현할 때 사용합니다. 즉, 단순 현재형은 절대로 지금 일어나고 있는 사건이나 행위를 표현하기 위해 사용하지 않는다는 것을 기억하세요.

녹음을 듣고 소리내어 읽어볼까요?

나는 빨리 달려요.

I run fast.

아이 런 패스트

나는 축구를 해요.

I play soccer.

아이 플레이 사커

나는 고양이를 키워요.

I have a cat.

아이 해버 캣

나는 음악을 좋아해요.

I like music.

아이 라익 뮤직

우리는 숙제를 해요.

We do our homework.

위 두 아워 홈웍

그들은 열심히 일해요.

They work hard.

데이 웍 하드

A: 그들은 당신을 위해 하루 종일 열심히 일해요. □ □ □

B: 알아요, 그것에 대해 감사하고 있어요.

...은 ~해요

주어 + 동사s (3인칭단수 현재형)

A: Is Tom here?

이즈 탐 히얼

톰은 여기에 있나요?

B: Yes, he works here.

예스, 히 웍스 히얼

예, 그는 여기서 일해요.

학습포인트!

3인칭 단수 현재형에서 3인칭단수 동사는 항상 -s로 끝납니다. he wants(그는 원한다), she thinks(그녀는 생각한다) 이런 식으로 일반동사 뒤에 무조건 s를 붙여준다고 생각하면 아주 간단합니다. 물론 예외가 있지만 그것도 규칙만 알면 크게 어려울 건 없습니다. 일단 -ss, -x, -sh, -ch로 끝나는 동사에는 -es를 붙인다는 것 정도만 알아두면 됩니다.

녹음을 듣고 소리내어 읽어볼까요?

그녀는 여기서 일해요.

She works here.

쉬 웍스 히얼

그는 농구를 좋아해요.

He likes basketball.

히 라익스 배스킷볼

그녀는 매일 텔레비전을 봐요.

She watches TV every day.

쉬 워치즈 티비 애브리 데이

그녀는 가방 안에 카메라를 가지고 있어요.

She has a camera in her bag.

쉬 해즈 어 캐머러 인 헐 백

수잔은 피아노를 쳐요.

Susan plays the piano.

수잔 플레이즈 더 피애노우

톰은 말이 너무 많아요.

Tom talks too much.

탐 톡스 투 머취

A: 톰은 여기에 있나요? □ □ □

B: 예, 그는 여기서 일해요.

...은 ~하지 않아요

주어 + don't + 동사원형 ~. (현재형 부정문)

A: Why don't you call him and find out?

와이 돈츄 콜 힘 앤 파인드 아웃

그에게 전화해서 알아보는 게 어때요?

B: I don't know his number.

아이 돈ㅌ 노우 히즈 넘버

그의 전화번호를 몰라요.

동사의 현재형 부정문에는 don't+동사원형을 사용하는 것이 원칙입니다. I like basketball. → I don't like basketball.(나는 농구를 좋아하지 않아) 단, 3인칭일 경우에는 don't 대신 doesn't를 사용합니다. 일반동사와 조동사가 함께 쓰일 경우에는 늘 조동사가 우선하기 때문에 일반동사 대신 조동사로 바꿔줍니다.

He likes basketball. → He doesn't like basketball.

영어 녹음을 듣고 소리내어 읽어볼까요?

난 여기서 일하지 않아요.

I don't work here.

아이 돈ㅌ 웕 히얼

당신은 나를 몰라요.

You don't know me.

유 돈ㅌ 노우 미

그는 당신 이름을 몰라요.

He doesn't know your name.

히 더즌트 노우 유얼 네임

그녀는 백화점에 일하지 않아요.

She doesn't work at a department store.

쉬 더즌트 웕 앳 어 디파트먼트 스토어

그는 말이 너무 많지는 않아요.

He doesn't talk too much.

히 더즌트 톡 투 머취

그녀는 우리를 위해 요리하지 않아요.

She doesn't cook for us.

쉬 더즌트 쿡 풔 어스

A: 그에게 전화해서 알아보는 게 어때요? ☐ ☐ ☐

B: 그의 전화번호를 몰라요.

학습일 

...은 ~해요?

Do + 주어 + 일반동사 ~? (현재형 의문문)

A: Does he work here?

더즈 히 웍 히얼

그는 여기서 일해요?

B: No, he doesn't.

노, 히 더즌트

아뇨, 안 해요.

학습포인트!

일반동사를 사용하고 있는 현재형 문장을 현재형 의문문으로 바꾸는 것은 아주 간단합니다. do 또는 does를 앞으로 내보내고 마침표를 물음표로 바꿔주기만 하면 됩니다. 단, 3인칭일 경우에는 do 대신 does를 사용합니다. 현재형 부정문에서 배운 것처럼 일반동사 대신 조동사를 바꿔줍니다. He likes basketball. → Does he like basketball?(그는 농구를 좋아해?)

녹음을 듣고 소리내어 읽어볼까요?

점심 먹을 시간 있어요?

Do you have time for lunch?

두 유 햅 타임 풔 런취

그거 아세요?

Do you know it?

두 유 노우 잇

그가 당신 이름을 알아요?

Does he know your name?

더즈 히 노우 유얼 네임

그녀가 당신을 위해서 요리해 주나요?

Does she cook for you?

더즈 쉬 쿡 풔 유

그녀는 백화점에 일하나요?

Does she work at a department store?

더즈 쉬 웕 앳 어 디파트먼트 스토어

당신은 비누로 손을 씻나요?

Do you wash your hands with soap?

두 유 워시 유얼 핸즈 윗 소웁

A: 그는 여기서 일해요? ☐ ☐ ☐

B: 아뇨, 안 해요.

...은 ~하지 않아요?

Don't + 주어 + 일반동사 ~? (현재형 부정의문문)

말해볼까요?

A: **Doesn't he have a girlfriend?**

더즌트 히 해버 걸프렌드

그는 여자친구 없니?

B: **Yes, he does.**

예스, 히 더즈

아니야, 있어.

학습포인트!

일반동사를 사용하는 현재형 문장을 부정의문문으로 만들 때는 일단 현재형 부정문으로 만든 다음에 don't 또는 doesn't를 앞으로 내보내고 마침표를 물음표로 바꿔주면 됩니다. 이때도 역시 3인칭일 경우에는 don't 대신 doesn't를 사용한다는 것 잊지 마세요.

He likes basketball. → He doesn't like basketball.

→ Doesn't he like basketball?

녹음을 듣고 소리내어 읽어볼까요?

그거 모르세요?

Don't you know it?

돈츄 노우 잇

당신은 그를 위해서 일하지 않나요?

Don't you work for him?

돈츄 웍 풔 힘

피자 안 좋아하세요?

Don't you like pizza?

돈츄 라익 피쩌

고기 안 드세요?

Don't you eat meat?

돈츄 잇 미트

그는 야채를 안 먹어요?

Doesn't he eat vegetables?

더즌트 히 잇 베지터블즈

그녀가 당신을 위해서 요리해 주지 않아요?

Doesn't she cook for you?

더즌트 쉬 쿡 풔 유

A: 그는 여자친구 없니? ☐ ☐ ☐

B: 아니야, 있어.

...은 ~했어요

주어 + 일반동사(과거형) ~. (과거형 긍정문)

A: **What did you think of his work?**

왓 디쥬 씽크 옵 히즈 웍

그 사람 일하는 게 어땠어요?

B: **I thought he worked hard.**

아이 쏘웃 히 웍트 하드

나는 그가 열심히 일한다고 생각했어요.

학습포인트!

과거형 긍정문은 지금 이전에 일어났던 사건이나 행위에 대해서 '주어가 ~했어/~였어'라고 말할 때 사용합니다. 가깝건 멀건 기간은 전혀 중요하지 않고, 일반동사를 과거형으로 바꿔주면 됩니다. 일반동사의 과거형은 일반적으로 주어에 관계없이 동사원형에 -ed를 붙이면 되는데, 물론 예외도 있지만 be동사처럼 몇 가지 규칙만 알면 쉽게 익힐 수 있으니 걱정 마세요.

영어 녹음을 듣고 소리내어 읽어볼까요?

나는 빨리 달렸어요.

I ran fast.

아이 랜 패스트

나는 여기서 일했어요.

I worked here.

아이 웍트 히얼

그녀는 백화점에서 일했어요.

She worked at a department store.

쉬 웍트 앳 어 디파트먼트 스토어

그는 말이 너무 많았어요.

He talked too much.

히 톡트 투 머취

그녀는 우리를 위해서 저녁밥을 했어요.

She cooked dinner for us.

쉬 쿡트 디너 풔 어스

우리는 비누로 손을 씻었어요.

We washed our hands with soap.

위 워시트 아워 핸즈 윗 소웁

A: 그 사람 일하는 게 어땠어요?

B: 나는 그가 열심히 일한다고 생각했어요.

...은 ~하지 않았어요

주어 + didn't + 동사원형 ~. (과거형 부정문)

A: Why didn't you tell me that?

와이 디든트 유 텔 미 댓

왜 나한테 그걸 말하지 않았니?

B: I didn't even know it then.

아이 디든트 이븐 노우 잇 덴

그땐 나도 진짜 몰랐어.

학습포인트!

과거형 부정문은 '주어가 ~하지 않았어/~이지 않았어'라고 말할 때 쓰는 표현입니다. 과거형 긍정문을 과거형 부정문으로 바꿀 때는 일반동사 앞에 didn't를 써주고 일반동사는 동사원형으로 바꿔줘야 합니다. 현재형 부정문에서처럼 주어에 따라 don't와 doesn't를 구별할 필요는 없지만 일반동사 과거형을 동사원형으로 바꾸는 것을 놓치면 안 됩니다.

영어 녹음을 듣고 소리내어 읽어볼까요?

난 여기서 일하지 않았어요.

I didn't work here.

아이 디든트 웍 히얼

당신은 날 몰랐어요.

You didn't know me.

유 디든트 노우 미

그는 당신 이름을 몰랐어요.

He didn't know your name.

히 디든트 노우 유얼 네임

그는 당신을 위해서 일하지 않았어요.

He didn't work for you.

히 디든트 웍 풔 유

그녀는 우리를 위해 요리하지 않았어요.

She didn't cook for us.

쉬 디든트 쿡 풔 어스

우리는 비누로 손을 씻지 않았어요.

We didn't wash our hands with soap.

위 디든트 워시 아워 핸즈 윗 소웁

A: 왜 나한테 그걸 말하지 않았니?

B: 그땐 나도 진짜 몰랐어.

...은 ~했어요?

Did + 주어 + 동사원형 ~? (과거형 의문문)

말해볼까요?

A: **Did he work here?**

디드 히 웍 히얼

그는 여기서 일했어요?

B: **Yes, he worked here for ten years.**

예스, 히 웍트 히얼 풔 텐 이얼스

네, 그는 여기서 10년 동안 일했어요.

학습포인트!

일반동사를 사용하는 과거형 의문문 형태는 언제나 조동사 did를 사용합니다. 조동사 did를 앞으로 내보내고 일반동사는 다시 동사원형으로 바꿔줘야 합니다. 과거형 의문문은 '주어가 ~했어?/~였어?'라고 지난 일에 대해 묻거나 확인할 때 쓰는 표현입니다.

Did he like basketball? (그가 농구를 좋아했어?)

영 어 녹음을 듣고 소리내어 읽어볼까요?

점심 먹을 시간이 있었어요?

Did you have time for lunch?

디쥬 햅 타임 풔 런치

그거 알았어요?

Did you know it?

디쥬 노우 잇

그가 당신 이름을 알았어요?

Did he know your name?

디드 히 노우 유얼 네임

그녀가 당신을 위해서 요리했어요?

Did she cook for you?

디드 쉬 쿡 풔 유

그는 여기서 일했어요?

Did he work here?

디드 히 웍 히얼

비누로 손을 씻었어요?

Did you wash your hands with soap?

디쥬 워시 유얼 핸즈 윗 소읍

A: 그는 여기서 일했어요? ☐ ☐ ☐

B: 네, 그는 여기서 10년 동안 일했어요.

...은 ~하지 않았어요?

Didn't + 주어 + 동사원형 ~? (과거형 부정의문문)

A: **Didn't she work here?**

디든트 쉬 웍 히얼

그녀는 여기서 일하지 않았어요?

B: **Yes, she worked here for three years.**

예스, 쉬 웍트 히얼 풔 쓰리 이얼즈

아뇨, 그녀는 여기서 3년 동안 일했어요.

학습포인트!

과거형 부정의문문은 '(전에) ~하지 않았어?'라고 지난 일에 대해 묻거나 확인할 때 쓰는 표현으로 단순의문문보다 확인하는 의미가 약간 강한 느낌입니다. 일반동사를 동사원형으로 바꿔줄 때 대개는 -ed를 빼면 되지만, go→went처럼 불규칙적으로 변하는 동사들의 경우에는 외워야 합니다. 하지만 하나씩 그때그때 외우면 되니까 걱정 마세요.

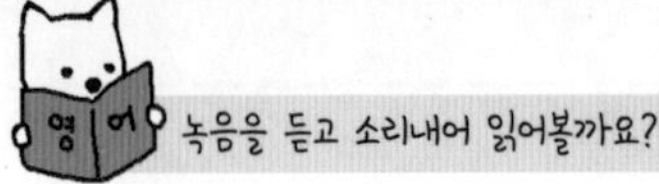

점심 먹을 시간이 없었어요?

Didn't you have time for lunch?

디든츄 햽 타임 풔 런치

그거 알지 못했어요?

Didn't you know it?

디든츄 노우 잇

그가 당신 이름을 알지 못했어요?

Didn't he know your name?

디든트 히 노우 유얼 네임

그녀가 당신을 위해서 요리하지 않았어요?

Didn't she cook for you?

디든트 쉬 쿡 풔 유

그는 여기서 일하지 않았어요?

Didn't he work here?

디든트 히 웍 히얼

비누로 손을 씻지 않았어요?

Didn't you wash your hands with soap?

디든츄 워시 유얼 핸즈 윗 소웁

A: 그녀는 여기서 일하지 않았어요?

B: 아뇨, 그녀는 여기서 3년 동안 일했어요.

...은 ~할 거예요

주어 + will + 동사원형~. (미래형 긍정문)

A: **We are out of water.**

위 알 아웃 옵 워러

물이 떨어졌어.

B: **I will buy some.**

아이 윌 바이 썸

내가 좀 사올게.

학습포인트!

미래형 긍정문은 '~ 할 것이다(~일 것이다)'라는 의미를 갖고 있습니다. 가장 많이 사용하는 표현은 will과 be going to인데, 우리말로 해석하면 똑같아 보이지만 실제 영어 사용에서는 뉘앙스 차이가 있습니다. will은 즉흥적인 느낌이 강하고 말하는 사람의 의지를 니디네는데 반헤, be going to는 미리 계획되고 예정되어 있었다는 느낌이 강합니다.

영어 녹음을 듣고 소리내어 읽어볼까요?

난 여기서 일할 거예요.

I will work here.

아이 윌 워 히얼

나는 시험을 통과할 거예요.

I will pass the exam.

아이 윌 패스 디 이그잼

당신은 성공할 거예요.

You will succeed.

유 윌 썩시드

그는 올 거예요.

He will come.

히 윌 컴

그녀는 우리를 위해서 저녁밥을 할 거예요.

She will cook dinner for us.

쉬 윌 쿡 디너 풔 어스

우리는 손을 씻을 거예요.

We will wash our hands.

위 윌 워쉬 아워 핸즈

A: 물이 떨어졌어.

B: 내가 좀 사올게.

☐ ☐ ☐

...은 ~할 거예요

주어 + be going to + 동사원형 ~. (미래형 긍정문)

A: **What are you doing this weekend?**

워라유 두잉 디스 위켄드

이번 주말에 뭐 할 거니?

B: **I'm going to see a movie.**

아임 고잉 투 씨 어 무비

영화 보러 갈 거야.

학습포인트!

be going to를 사용한 미래 표현은 시간적으로 가깝든 멀든 현재의 무엇과 연결되어 있다는 것을 암시합니다. 주로 계획과 의도를 나타내거나 현재 갖고 있는 증거나 정보에 근거하여 예측한 내용을 표현하기 위해 사용합니다.

I am going to stay. (나는 여기 있을 거야.) - 계획

He is going to jog. (그는 조깅하러 갈 거야.) - 예측

녹음을 듣고 소리내어 읽어볼까요?

난 여기서 일할 거예요.

I'm going to work here.

아임 고잉 투 웍 히얼

난 숙제를 할 거예요.

I'm going to do my homework.

아임 고잉 투 두 마이 홈웍

나는 저녁 준비를 할 거예요.

I am going to cook dinner.

아이 엠 고잉 투 쿡 디너

난 당신을 방문할 거예요.

I'm going to visit you.

아임 고잉 투 비짓 유

비가 올 거예요.

It's going to rain.

잇츠 고잉 투 레인

우리는 파티를 열 거예요.

We're going to have a party.

위얼 고잉 투 해버 파티

A: 이번 주말에 뭐 할 거니? ☐☐☐

B: 영화 보러 갈 거야.

...은 ~하지 않을 거예요

주어 + won't + 동사원형 ~. (미래형 부정문)

말해볼까요?

A: **Do you know when she'll be back?**

두 유 노우 웬 쉬일 비 백

그녀가 언제 돌아올지 아세요?

B: **She won't be back in this office today.**

쉬 오운트 비 백 인 디스 오피스 투데이

오늘은 사무실에 안 돌아올 거예요.

학습포인트!

조동사가 있는 문장을 부정문으로 만들 때는 조동사 뒤에 부정어 not만 붙이면 됩니다. 주로 will not을 줄여서 won't로 씁니다.
부정어 not의 위치는

① be동사 : be동사 뒤에 위치 (He is not angry.)
② 일반동사 : do/does/did 뒤에 위치 (He didn't have dinner.)
③ will : will 뒤에 위치 (He will not sell his house.)

녹음을 듣고 소리내어 읽어볼까요?

나는 차를 팔지 않을 거예요.

I won't sell my car.

아이 오운트 셀 마이 카ㄹ

나는 그것을 사지 않을 거예요.

I won't buy it.

아이 오운트 바이 잇

그는 여기서 일하지 않을 거예요.

He won't work here.

히 오운트 웍 히얼

그녀는 저녁 준비를 하지 않을 거예요.

She won't cook dinner.

쉬 오운트 쿡 디너

그들은 여기 오래 있지 않을 거예요.

They won't be here for long.

데이 오운트 비 히얼 풔 롱

그는 오지 않을 거예요.

He won't come.

히 오운트 컴

A: 그녀가 언제 돌아올지 아세요?

B: 오늘은 사무실에 안 돌아올 거예요.

☐ ☐ ☐

...은 ~할 거예요[할까요]?

Will + 주어 + 동사원형 ~? (미래형 의문문)

말해볼까요?

A: I hope he comes in here! Will he come?

아이 홉 히 컴스 인 히얼! 윌 히 컴

그가 여기에 오면 좋겠어! 그가 올까?

B: He won't be here today.

히 오운트 비 히얼 투데이

오늘은 오지 않을 거야.

학습포인트!

조동사가 있는 문장을 의문문으로 만들 때는 조동사를 주어 앞으로 보내서 의문문을 만드는 것이 원칙입니다. 미래형 문장에도 조동사 will이 있으니 will을 주어 앞으로 내보내면 됩니다.

He will buy a new car. (그는 새 차를 살 거야.)

→ Will he buy a new car? (그는 새 차를 살까?)

차를 파실 거예요?

Will you sell your car?

윌 유 셀 유얼 카ㄹ

그걸 살 거예요?

Will you buy it?

윌 유 바이 잇

그는 여기서 일할까요?

Will he work here?

윌 히 웕 히얼

그녀는 저녁 준비를 할까요?

Will she cook dinner?

윌 쉬 쿡 디너

그들은 여기 오래 있을까요?

Will they be here for long?

윌 데이 비 히얼 풔 롱

그는 올까요?

Will he come?

윌 히 컴

A: 그가 여기에 오면 좋겠어! 그가 올까?

B: 오늘은 오지 않을 거야.

내 손에서 만만하게 시작하는 포켓북 영어 첫걸음!

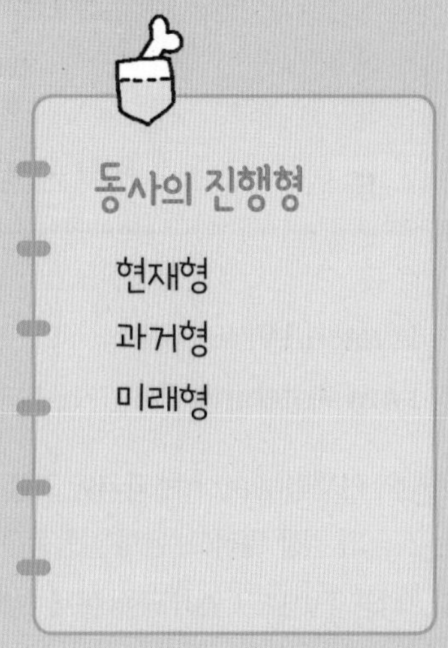

1 진행형이 뭐야?

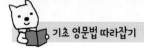

진행형은 어느 시점에서 어느 동작이 계속 진행 중인 것을 말합니다. 예를 들어 엄마가 '너 뭐하니?'라고 물으면 '나 공부 중이야.' 이렇게 대답할 때 쓸 수 있는 문장이 진행형입니다. 진행형은 다음의 세 가지로 나눌 수 있습니다.

현재 진행형	과거 진행형	미래 진행형
~하고 있다	~하고 있었다	~하고 있을 것이다

2 현재진행형

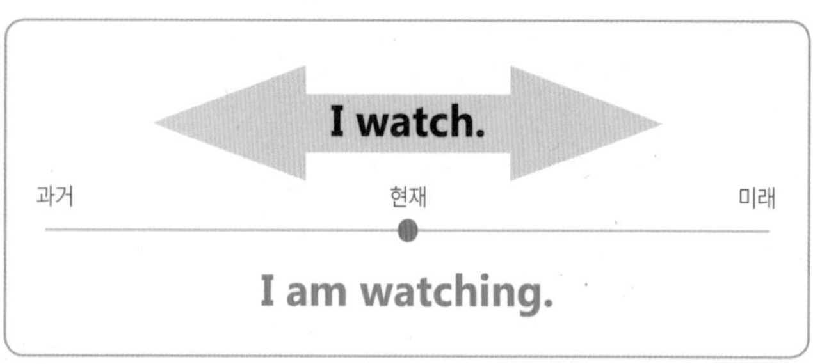

I watch TV. 나는 TV를 봐. → 항상, 늘, 보통

I **am** watch**ing** TV. 나 지금 TV 보고 있어. → 지금

동사의 현재형 watch는 과거에 그랬고 미래까지 그렇게 할 거라고 예상되는 지금의 일을 말하고, 현재 진행형은 딱 '지금' 말하는 순간만을 의미합니다. '지금 TV 보고 있어'라는 현재 진행되고 있는 행동에 초점을 맞춘 표현입니다.

3 과거진행형

과거진행형은 과거의 어느 시점부터 과거 어느 시점까지 일정한 기간 동안 계속되는 동작을 말합니다.

I **was** watch**ing** TV when you called me.

네가 나에게 전화했을 때 TV 보고 있었어.

4 미래진행형

미래 어느 때에 진행 중인 동작을 나타낼 때는 미래 진행형도 쓸 수 있습니다. 주어 다음에 미래를 나타내는 will을 써 주면됩니다.

I **will be** watch**ing** TV then. 그때 TV를 보고 있을 거야.

5 진행형으로 사용할 수 없는 동사

진행형으로 쓸 수 있는 동사는 행위를 나타내는 동사들이고, love, like, mean, need, own, remember, seem, want, understand 등과 같이 상태를 나타내는 동사는 진행형으로 나타낼 수 없습니다.

I **like** Susan. → I am liking Susan.(x)

수잔을 좋아하는 걸 지금 순간 진행 하는 중?

She **understands** it. → She is understanding it. (x)

그녀는 골몰히 앉아서 이해하도록 노력만하고 있는 상황?

6 진행형 ing를 만드는 법

주어 + be동사 + 일반동사 -ing

❶ 진행형 동사형은 기본적으로 동사에 ing를 붙이지만, 동시의 원형이 -e로 끝나는 동사는 e를 떼어내고 ing를 붙입니다.

make - making take - taking have - having

❷ -ie로 끝나는 동사는 -ie를 y로 바꾸고 ing를 붙여줍니다.

die - dying tie - tying lie - lying

❸ 짧게 발음하는 모음과 자음으로 끝나는 단어들은 마지막 자음을 한 번 더 쓰고 ing를 붙여줍니다.

sit - sitting put - putting stop - stopping

❹ 2음절(읽었을 때 두 마디 이상 소리나는 단어) 이상의 단어들에서 강세(힘주어 말하는 부분)가 마지막 음절에 온다면 마지막 자음을 한 번 더 쓰고 ing를 붙여줍니다.

begin - beginning forget - forgetting
permit - permitting

...은 ~하고 있어요[하는 중이에요]

주어 + be동사 + -ing ~. (현재진행형 긍정문)

A: **What are you doing now?**

워라유 두잉 나우

지금 뭐하고 있어요?

B: **We are watching TV.**

위 알 워칭 티비

우리는 TV 보고 있어요.

학습포인트!

현재진행형은 현재 진행 중인 동작 상태를 보다 생생하게 설명하기 위해 사용하는 표현으로 아래와 같이 의미상 3가지로 나눌 수 있습니다.

① 말하는 것과 동시에 벌어지는 것
It is raining. (비가 오고 있어요.)

② 일시적인 사실
I am looking for my glasses. (안경을 찾고 있어요.)

③ 가까운 미래의 계획
I am meeting her at 7:00 p.m. (오후 7시에 그녀를 만나요.)

영어 녹음을 듣고 소리내어 읽어볼까요?

나는 일하고 있어요.

I am working.

아이 엠 워킹

그는 영어 공부하고 있어요.

He is studying English.

히 이즈 스터딩 잉글리쉬

그녀는 점심을 먹고 있어요.

She is eating lunch.

쉬 이즈 이팅 런치

그들은 TV를 보고 있어요.

They are watching TV.

데이 알 워칭 티비

우리는 쉬고 있어요.

We are taking a break.

위 알 테이킹 어 브레이크

밖에 비가 오고 있어요.

It's raining outside.

잇츠 레이닝 아웃사이드

A: 지금 뭐하고 있어요?

B: 우리는 TV 보고 있어요.

☐ ☐ ☐

...은 ~하고 있지 않아요

주어 + be동사 + not + -ing ~. (현재진행형 부정문)

A: **What is he doing? Is he studying hard?**

왓 이즈 히 두잉? 이즈 히 스터딩 하드

그는 뭐해? 열심히 공부하고 있니?

B: **No, he isn't studying. He's on break.**

노, 히 이즌트 스터딩. 히즈 온 브레익

아뇨, 공부하고 있지 않아요.
그는 쉬고 있어요.

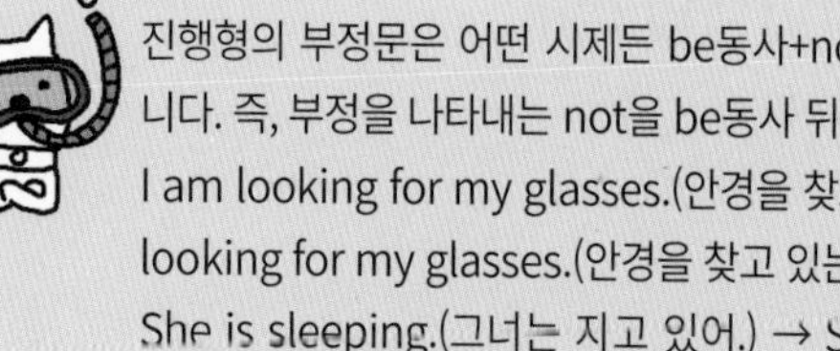

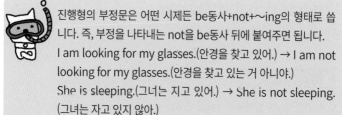

진행형의 부정문은 어떤 시제든 be동사+not+~ing의 형태로 씁니다. 즉, 부정을 나타내는 not을 be동사 뒤에 붙여주면 됩니다.

I am looking for my glasses.(안경을 찾고 있어.) → I am not looking for my glasses.(안경을 찾고 있는 거 아니야.)

She is sleeping.(그녀는 자고 있어.) → She is not sleeping.(그녀는 자고 있지 않아.)

영어 녹음을 듣고 소리내어 읽어볼까요?

나는 일하고 있지 않아요.

I am not working.

아이 엠 낫 워킹

그는 영어 공부를 하고 있지 않아요.

He is not studying English.

히 이즈 낫 스터딩 잉글리쉬

그녀는 아무것도 먹고 있지 않아요.

She isn't eating anything.

쉬 이즌트 이팅 애니씽

그들은 TV를 보고 있지 않아요.

They aren't watching TV.

데이 안트 워칭 티비

우리는 쉬고 있지 않아요.

We aren't taking a break.

위 안트 테이킹 어 브레이크

난 지금 운전 중이 아니에요.

I'm not driving my car.

아임 낫 드라이빙 마이 카ㄹ

A: 그는 뭐해? 열심히 공부하고 있니?

B: 아뇨, 공부하고 있지 않아요. 그는 쉬고 있어요.

...은 ~하고 있어요?

be동사 + 주어 + -ing ~? (현재진행형 의문문)

A: **Is it still snowing?**

이즈 잇 스틸 스노잉

아직도 눈 와요?

B: **No, it isn't.**

노, 잇 이즌트

아뇨, 그쳤어요.

학습포인트!

진행형은 어떤 시제든 기본적으로 '주어+be동사+ -ing ~.'의 형태를 갖고 있기 때문에 현재진행형의 의문문 역시 'Be동사+주어+~ing?'의 형태로 쓰고 '~하고 있어?'라고 해석합니다. be동사로 물었을 때는 대답도 be동사로 합니다.

Is she sleeping? (그녀는 자고 있어?)

— Yes, she is. / — No, she isn't.

영어 녹음을 듣고 소리내어 읽어볼까요?

일하고 있어요?

Are you working?

알 유 워킹

그는 영어 공부 하고 있어요?

Is he studying English?

이즈 히 스터딩 잉글리쉬

그녀는 점심 먹고 있어요?

Is she eating lunch?

이즈 쉬 이팅 런치

그들은 TV를 보고 있어요?

Are they watching TV?

알 데이 워칭 티비

쉬고 있어요?

Are you taking a break?

알 유 테이킹 어 브레이크

밖에 비 와요?

Is it raining outside?

이즈 잇 레이닝 아웃사이드

03 대화 다시듣기

A: 아직도 눈 와요?

B: 아뇨, 그쳤어요.

□ □ □

...은 ~하고 있지 않나요?

be동사 + not + 주어 + -ing ~? (현재진행형 부정의문문)

A: Isn't she eating lunch yet?

이즌트 쉬 이팅 런치 옛

그녀는 아직도 점심을 먹고 있지 않나요?

B: Yes, she is still working.

예스, 쉬 이즈 스틸 월킹

예, 그녀는 아직도 일하고 있어요.

학습포인트!

부정의문문이란 일반의문문에 부정어가 들어 있는 문장을 말합니다. '~하지 않아?'라고 묻는 것이라 헷갈리기 쉽습니다. 응답하는 내용이 긍정이면 무조건 Yes, 응답하는 내용이 부정이면 무조건 No라고 간단하게 생각하고, 우리말로 해석할 때는 Yes와 No는 반대로 합니다.

Don't you like milk? (우유 좋아하지 않아?)

— Yes, I do. (아니, 좋아해.) / — No, I don't. (응, 안 좋아해.)

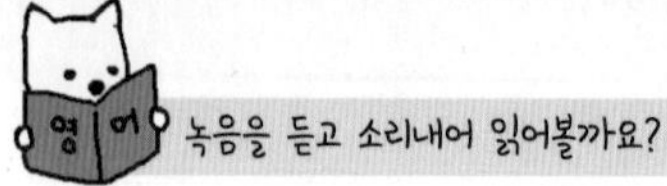

일하고 있지 않나요?

Aren't you working?

안츄 워킹

그는 영어 공부 하고 있지 않나요?

Isn't he studying English?

이즌트 히 스터딩 잉글리쉬

그녀는 점심을 먹고 있지 않나요?

Isn't she eating lunch?

이즌트 쉬 이팅 런치

그들은 TV를 보고 있지 않나요?

Aren't they watching TV?

안트 데이 워칭 티비

쉬고 있지 않나요?

Aren't you taking a break?

안츄 테이킹 어 브레이크

밖에 비가 오지 않나요?

Isn't it raining outside?

이즌트 잇 레이닝 아웃사이드

A: 그녀는 아직도 점심을 먹고 있지 않나요?

B: 예, 그녀는 아직도 일하고 있어요.

...은 ~하고 있었어요[하는 중이었어요]

주어 + be동사(과거형) +-ing ~. (과거진행형 긍정문)

A: **What were you doing at that time?**

왓 워ㄹ 유 두잉 앳 댓 타임

그때 뭐하고 있었어요?

B: **I was talking with my friends.**

아이 워즈 토킹 윗 마이 프렌즈

친구들과 얘기하고 있었어요.

학습포인트!

동사의 과거진행형은 과거에 시작되고 말하는 시간에도 여전히 진행되고 있는 행위나 사건을 나타내는 표현입니다. 과거시제로 쓰인 이야기나 소설에서 The sun was shining.(햇빛이 반짝이고 있었다) 등으로 배경을 묘사할 때 자주 사용됩니다. 주어+be동사의 과거형(was/were)+~ing 형태로 쓰고 '주어가 ~하고 있었다'라고 해석합니다.

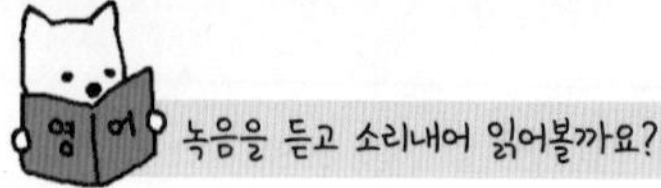

나는 피아노를 연주하고 있었어요.

I was playing the piano.

아이 워즈 플레잉 더 피애노우

당신은 텔레비전을 보고 있었어요.

You were watching TV.

유 워ㄹ 워칭 티비

그는 책을 읽고 있었어요.

He was reading a book.

히 워즈 리딩 어 북

그녀는 숙제를 하고 있었어요.

She was doing her homework.

쉬 워즈 두잉 헐 홈웍

그들은 수영장에서 수영을 하고 있었어요.

They were swimming in the pool.

데이 워ㄹ 스위밍 인 더 풀

우리는 집으로 걸어가고 있는 중이었어요.

We were walking home.

위 워ㄹ 워킹 홈

A: 그때 뭐하고 있었어요? □ □ □

B: 친구들과 얘기하고 있었어요.

...은 ~하고 있지 않았어요

주어 + be동사(과거형) + not + -ing ~. (과거진행형 부정문)

말해볼까요?

A: Why were you staring at me a bit ago?

와이 워ㄹ 유 스테어링 앳 미 어 빗 어고우

아까 왜 날 빤히 쳐다봤어?

B: What? I wasn't looking at you.

왓? 아이 워즌트 룩킹 앳 유

뭐? 난 널 보고 있지 않았어.

학습포인트!

'(과거 그 시점에) ~하고 있지 않았다'는 의미를 나타내는 과거진행형의 부정문 역시 be동사의 과거형(was/were) 뒤에 부정을 나타내는 not을 붙여주면 됩니다. 대개 was not/were not를 줄여서 wasn't/weren't로 씁니다.

She was reading. (그녀는 책을 읽고 있었어.)

→ She wasn't reading. (그녀는 책을 읽고 있지 않았어.)

영어 녹음을 듣고 소리내어 읽어볼까요?

나는 내 전화를 찾고 있지 않았어요.

I was not looking for my phone.

아이 워즈 낫 룩킹 풔 마이 포운

당신은 라디오를 듣고 있지 않았어요.

You were not listening to the radio.

유 워ㄹ 낫 리스닝 투 더 레이디오

그는 책을 읽고 있지 않았어요.

He wasn't reading the book.

히 워즌트 리딩 더 북

우리는 농구를 하고 있지 않았어요.

We were not playing basketball.

위 워ㄹ 낫 플레잉 배스킷볼

아기는 자고 있지 않았어요.

The baby was not sleeping.

더 베이비 워즈 낫 슬리핑

그들은 영어 공부를 하고 있지 않았어요.

They were not studying English.

데이 워ㄹ 낫 스터딩 잉글리쉬

A: 아까 왜 날 빤히 쳐다봤어?

B: 뭐? 난 널 보고 있지 않았어.

...은 ~하고 있었어요?

be동사(과거형) + 주어 + -ing ~? (과거진행형 의문문)

A: Were you working here last weekend?

워ㄹ 유 워킹 히얼 라스트 위켄드

지난주에 여기서 일하고 있었나요?

B: Yes, I was.

예스, 아이 워즈

네, 그랬어요.

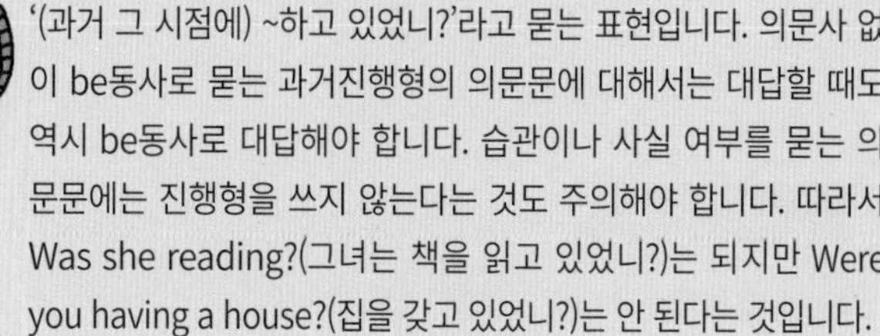

'(과거 그 시점에) ~하고 있었니?'라고 묻는 표현입니다. 의문사 없이 be동사로 묻는 과거진행형의 의문문에 대해서는 대답할 때도 역시 be동사로 대답해야 합니다. 습관이나 사실 여부를 묻는 의문문에는 진행형을 쓰지 않는다는 것도 주의해야 합니다. 따라서 Was she reading?(그녀는 책을 읽고 있었니?)는 되지만 Were you having a house?(집을 갖고 있었니?)는 안 된다는 것입니다.

영어 녹음을 듣고 소리내어 읽어볼까요?

일하고 있었어요?

Were you working?

워르 유 워킹

그녀는 자고 있었어요?

Was she sleeping?

워즈 쉬 슬리핑

영어 공부하고 있었어요?

Were you studying English?

워르 유 스터딩 잉글리쉬

그는 신문을 읽고 있었어요?

Was he reading the newspaper?

워즈 히 리딩 더 뉴스페이퍼

밖에 비오고 있었어요?

Was it raining outside?

워즈 잇 레이닝 아웃사이드

그들은 TV를 보고 있었어요?

Were they watching TV?

워르 데이 워칭 티비

A: 지난주에 여기서 일하고 있었나요?

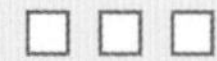

B: 네, 그랬어요.

...은 ~하고 있지 않았나요?

be동사(과거형) + not + 주어 + -ing ~? (과거진행형 부정의문)

A: **Weren't you working?**

원트 유 워킹

일하고 있지 않았나요?

B: **Yes, I'm watching TV.**

예스, 아임 워칭 티비

네, 텔레비전을 보고 있었어요.

학습포인트!

과거진행형의 부정의문문 역시 과거진행형의 일반의문문에 부정어가 들어 있는 형태로 씁니다. '(과거 그 시점에) ~하고 있지 않았니?'라고 묻는 표현으로 대답이 긍정이면 무조건 Yes, 부정이면 무조건 No입니다.

Wasn't she reading? (그녀는 책을 읽고 있지 않았니?)
— Yes, she was. / — No, she wasn't.

녹음을 듣고 소리내어 읽어볼까요?

일하고 있지 않았나요?

Weren't you working?

원트 유 워킹

그녀는 자고 있지 않았나요?

Wasn't she sleeping?

워즌트 쉬 슬리핑

영어 공부하고 있지 않았나요?

Weren't you studying English?

원트 유 스터딩 잉글리쉬

그는 신문을 읽고 있지 않았나요?

Wasn't he reading the newspaper?

워즌트 히 리딩 더 뉴스페이퍼

밖에 비오고 있지 않았나요?

Wasn't it raining outside?

워즌트 잇 레이닝 아웃사이드

그들은 TV를 보고 있지 않았나요?

Weren't they watching TV?

원트 데이 워칭 티비

A: 일하고 있지 않았나요?

B: 네, 텔레비전을 보고 있었어요.

□ □ □

...은 ~하고 있을 거예요

주어 + will be + -ing ~. (미래진행형 긍정문)

A: Is she still working?

이즈 쉬 스틸 워킹

그녀는 아직도 일하고 있을까요?

B: Yes, she will still be working.

예스, 쉬 윌 스틸 비 워킹

예, 그녀는 아직도 일하고 있을 거예요.

학습포인트!

미래진행형은 미래의 특정 시점에 '~ 하는 중일 거야'라는 뜻으로, 일상적으로 일어나는 미래 일을 말할 때, 미래 사건을 예측하거나 추측할 때 쓰는 표현입니다. 앞으로의 개인적인 스케줄에 대해서 말할 때도 쓸 수 있는데 현재형이나 현재진행형으로도 말하는 것보다 '~하기로 되어 있다'는 필연성을 좀 더 강조할 때 사용합니다.

영어 녹음을 듣고 소리내어 읽어볼까요?

그는 아직도 일하고 있을 거예요.

He will be working yet.

히 윌 비 워킹 옛

그녀는 거기에 머무르고 있을 거예요.

She will be staying there.

쉬 윌 비 스테잉 데얼

그들은 야구를 하고 있을 거예요.

They will be playing baseball.

데이 윌 비 플레잉 베이스볼

그들은 그녀를 돕고 있을 거예요.

They'll be helping her.

데이일 비 헬핑 헐

그는 문을 열고 있을 거예요.

He'll be opening the door.

히일 비 오프닝 더 도어

그는 숙제를 하고 있을 거예요.

He'll be doing his homework.

히일 비 두잉 히즈 홈웍

A: 그녀는 아직도 일하고 있을까요?

B: 예, 그녀는 아직도 일하고 있을 거예요.

...은 ~하고 있지 않을 거예요

주어 + will not[won't] be + -ing ~. (미래진행형 부정문)

말해볼까요?

A: **Are they eating lunch?**

알 데이 이팅 런치

그들은 점심을 먹고 있을까요?

B: **Well, they won't be eating lunch.**

웰, 데이 오운트 비 이팅 런치

글쎄요, 그들은 점심을 먹고 있지 않을 거예요.

학습포인트!

미래진행형 긍정문을 부정문으로 만들기 위해서는 will 뒤에 not만 붙여주면 됩니다. 주로 will not을 줄여서 won't 형태로 씁니다. 부정어 not은 be동사 뒤, do[does, did] 뒤, will 뒤에 위치한다는 것만 기억하면 부정문 만들 때 고민할 일이 없습니다. Will you be doing ~? 형태의 의문문은 존댓말 효과가 있어서 그냥 Will you ~?라고 하는 것보다 더 정중한 요청이 됩니다.

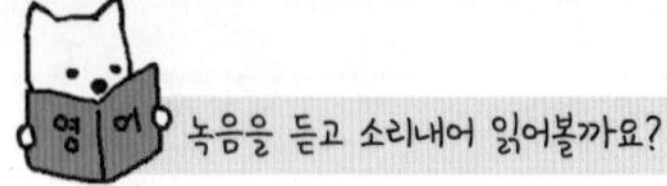

그는 일하고 있지 않을 거예요.

He will not be working.

히 윌 낫 비 워킹

그녀는 거기에 머무르고 있지 않을 거예요.

She will not be staying there.

쉬 윌 낫 비 스테잉 데얼

그들은 야구를 하고 있지 않을 거예요.

They won't be playing baseball.

데이 오운트 비 플레잉 베이스볼

그들은 그녀를 돕고 있지 않을 거예요.

They won't be helping her.

데이 오운트 비 핼핑 헐

그녀는 책을 읽고 있지 않을 거예요.

She won't be reading a book.

쉬 오운트 비 리딩 어 북

그는 숙제를 하고 있지 않을 거예요.

He won't be doing his homework.

히 오운트 비 두잉 히즈 홈웍

A: 그들은 점심을 먹고 있을까요?

B: 글쎄요, 그들은 점심을 먹고 있지 않을 거예요.

내 손에서 만만하게 시작하는 포켓북 영어 첫걸음!

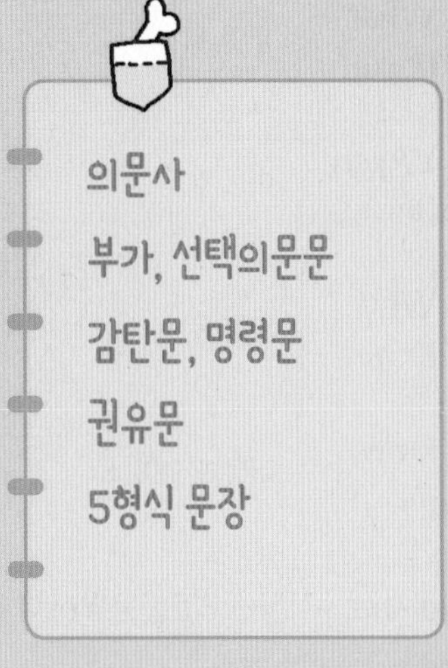

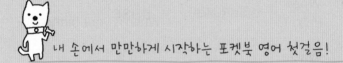

1 의문사가 뭐야?

의문사는 누가, 언제, 어디서, 무엇을, 어떻게, 왜?를 묻고 싶을 때 사용하는 말입니다.

의문사의 종류에는 다음 7가지가 있습니다.

Who [*h*uː]	누가	너는 누구니? Who are you?
When [*h*wen]	언제(날짜, 시간)	너 생일은 언제야? When is your birthday.
Where [*h*wɛəːr]	어디에서, 어디(장소)	너는 어디에 사니? Where do you live?
What [*h*wɑt]	무엇, 뭐	이건 뭐니? What is it?
Which [*h*witʃ]	어느 것	어느 영화를 좋아하니? Which movie do you like?
Why [*h*wai]	왜(이유)	너는 왜 영어 공부를 하니? Why do you study English?
How [*h*au]	어떻게, 얼마나	어떻게 지내니? How are you?

의문사로 시작하는 의문문은 Yes나 No로 답하지 않고 궁금한 것에 답만 해주면 됩니다.

2 의문사를 이용한 의문문 만들기

영어에서 의문사는 모든 의문문의 맨 앞에 오게 됩니다. 왜냐하면 한 번에 그 말이 물어보는 말이라는 것을 알게 하기 위해서입니다. 예를 들면 You know who? (원래는 Who do you know?)라고 한다면 끝에 나오는 말까지 모두 듣고서야 물어보는 말인 줄 알게 되는 겁니다. 그렇기 때문에 영어에선(우리말에서도 그렇지만) 의문사가 문장의 맨 앞으로 오게 되는 겁니다.

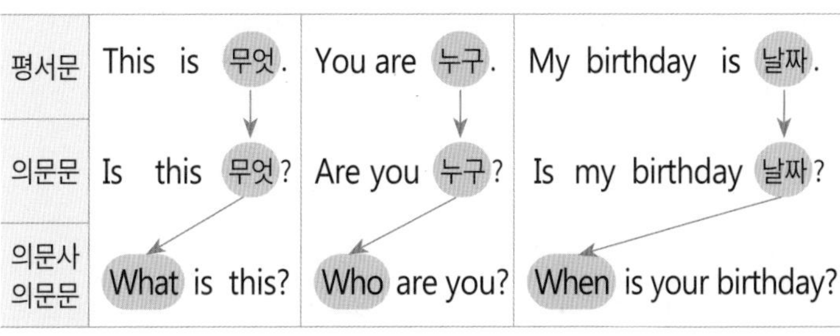

평서문	This is 무엇.	You are 누구.	My birthday is 날짜.
의문문	Is this 무엇?	Are you 누구?	Is my birthday 날짜?
의문사 의문문	What is this?	Who are you?	When is your birthday?

be 동사가 쓰인 경우에는 의문사 뒤에 주어와 동사 자리만 바꾸어 써주면 됩니다.

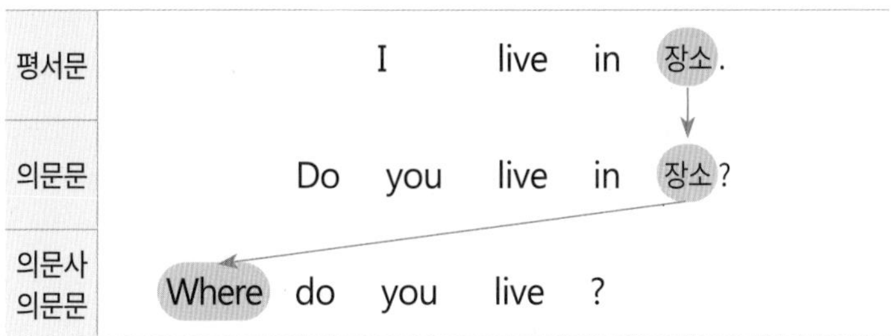

평서문	I live in 장소.
의문문	Do you live in 장소?
의문사 의문문	Where do you live ?

일반동사가 쓰인 경우 do를 써주고 동사는 그대로 바뀌지 않습니다. 인칭과 시제에 따라 do, does, did를 다르게, 씁니다.

의문사로 시작하는 의문문은 평서문을 일단 의문문으로 바꾼 형태에서 다시 문장 앞에 의문사를 붙여주는 형식으로 만들면 됩니다.

3 Who is he?와 What is he?의 차이

Who is he?, Who is she?와 같이 Who is ~?로 묻게 되면 의문사 who는 '사람의 이름'과 '나와의 관계'를 물어 볼 때 쓰는 의문사입니다. Who is he?라고 물으면 다음과 같이 두 가지로 대답할 수 있습니다.

Who is he? 그는 누구입니까?
→ He's Bill Gates. 그는 빌게이츠입니다.
→ He's my brother. 그는 나의 형제입니다.

What is he?, What is she? 와 같이 묻게 되면 그 사람의 직업을 묻는 표현이 됩니다.

What is he? 그는 어떤 사람입니까?
→ He's a teacher. 그는 선생님입니다.

...은 ~하죠?/~안 그래요?

긍정문 + 부정의문문? (부가의문문)

말해볼까요?

A: **It is very hot today, isn't it?**

잇 이즈 베리 핫 투데이, 이즌트 잇

오늘 무척 덥지, 안 그래?

B: **Yes, it's very hot.**

예스, 잇츠 베리 핫

응, 정말 더워.

학습포인트!

부가의문문이란 문장의 맨 뒤에 덧붙인 is it? / isn't it? / do you? / don't you? 등의 짤막한 의문문을 말합니다. '그렇지? 안 그래? 그렇지 않니?' 정도의 의미로, 동사+주어로 구성됩니다. 긍정문 뒤에는 부정의 부가의문문을 쓰고 부정문 뒤에는 반드시 긍정의 부가의문문을 써야 합니다. 부가의문문의 주어는 인칭대명사(I, you, he, she, it, they)만 올 수 있습니다.

녹음을 듣고 소리내어 읽어볼까요?

그는 키가 커요, 그렇지 않아요?

He is tall, isn't he?

히 이즈 톨, 이즌트 히

그들은 뚱뚱해요, 안 그래요?

They are fat, aren't they?

데이 알 팻, 안트 데이

그녀는 여기서 일하죠?

She works **here**, doesn't she?

쉬 웍스 히얼, 더즌트 쉬

그는 영화를 많이 봐요, 그렇지 않아요?

He sees **many films**, doesn't he?

히 씨즈 매니 필름스, 더즌트 히

우리는 영어 공부를 열심히 해요, 안 그래요?

We study **English hard**, don't we?

위 스터디 잉글리쉬 하드, 돈트 위

정말 달아요, 안 그래요?

It's **very** sweet, isn't it?

잇츠 베리 스윗, 이즌트 잇

A: 오늘 무척 덥지, 안 그래? ☐ ☐ ☐

B: 응, 정말 더워.

...은 ~하지 않죠?/~그렇죠?

부정문 + 긍정의문문? (부가의문문)

말해볼까요?

A: **You don't know him, do you?**

유 돈ㅌ 노우 힘, 두 유

당신은 그 사람을 모르죠?

B: **No, I don't.**

노, 아이 돈ㅌ

네, 몰라요.

학습포인트!

부가의문문은 억양에 따라 뉘앙스가 달라집니다. 끝을 올리면 정말 그러냐고 확인하는 말이 되고, 끝을 내리면 단지 동의를 구하는 말이 됩니다. 부가의문문을 만드는 규칙은 딱 3가지만 기억하세요. ① 앞 문장의 동사가 be동사일 때는 be동사로 ② 앞 문장의 동사가 일반동사일 때는 do동사로 ③ 앞 문장의 동사가 조동사일 때는 조동사로 만든다!

영어 녹음을 듣고 소리내어 읽어볼까요?

그는 키가 크지 않아요, 그렇죠?

He isn't tall, is he?

히 이즌트 톨, 이즈 히

그들은 뚱뚱하지 않아요, 그렇죠?

They aren't fat, are they?

데이 안트 팻, 알 데이

그녀는 여기서 일하지 않죠?

She doesn't work **here**, does she?

쉬 더즌트 웍 히얼, 더즈 쉬

그는 영화를 많이 보지 않아요, 그렇죠?

He doesn't see **many films**, does he?

히 더즌트 씨 매니 필름스, 더즈 히

우리는 영어 공부를 열심히 하지 않아요, 그렇죠?

We don't study **English hard**, do we?

위 돈ㅌ 스터디 잉글리쉬 하드, 두 위

달지 않죠?

It isn't sweet, is it?

잇 이즌트 스윗, 이즈 잇

02 대화 다시듣기

A: 당신은 그 사람을 모르죠?

B: 네, 몰라요.

☐ ☐ ☐

...은 ~예요[해요], 아니면 ~예요[해요]?

A or B (선택의문문)

A: **Is your uncle in Seoul or in Busan?**

이즈 유얼 엉클 인 서울 오어 인 부산

너희 삼촌은 서울에 계시니, 부산에 계시니?

B: **He is in Busan.**

히 이즈 인 부산

삼촌은 부산에 계셔.

선택의문문은 의문문에 or를 써서 어느 한쪽의 선택을 요구하는 형태입니다. 'A 또는 B 중에서 어느 것을 ~하니?'라는 뜻으로 보통 or 앞부분은 올려 읽고 뒷부분은 내려 읽습니다. Yes나 No로 대답하지 않는다는 것도 선택의문문의 특징입니다. Yes나 No를 묻는 게 아니라 어느 쪽이냐가 질문의 초점이니까요.

영어 녹음을 듣고 소리내어 읽어볼까요?

저건 개예요, 여우예요?

Is that a dog or a fox?

이즈 댓 어 독 오어러 폭스

당신은 간호사예요, 선생이에요?

Are you a nurse or a teacher?

알 유 어 너스 오어러 티처

그것은 펜이에요, 연필이에요?

Is it a pen or a pencil?

이즈 잇 어 펜 오어러 펜슬

넌 학교에 버스로 다니니, 걸어다니니?

Do you go to school by bus or on foot?

두 유 고 투 스쿨 바이 버스 오어 온 풋

당신은 봄과 가을 중에 어느 계절을 좋아해요?

Which do you like better, spring or autumn?

위치 두 유 라익 배러, 스프링 오어 오텀

그는 운전을 해요, 안 해요?

Does he drive the car or not?

더즈 히 드라이브 더 카ㄹ 오어 낫

A: 너희 삼촌은 서울에 계시니, 부산에 계시니? ☐☐☐

B: 삼촌은 부산에 계셔.

Unit 04 ~은 어디 있어요?/어디예요?

Where ~? (의문사)

말해볼까요?

A: **Where is my wallet?**

웨얼 이즈 마이 월릿

내 지갑이 어디 있지?

B: **I saw it on the kitchen table.**

아이 쏘우 잇 온 더 키친 테이블

부엌 테이블에 있는 거 봤어요.

학습포인트!

의문사 Where는 '어디서, 어디에'라는 의미를 갖고 있습니다. 장소를 묻는 대표적인 표현으로 의문사 Where는 의문대명사, 의문부사로 나눌 수 있습니다. 사용빈도는 의문부사가 훨씬 많습니다. 다음 두 문장에서 차이를 느껴보세요.

Where are you from? (어디서 왔니?) — 의분대병사

Where did you go? (어디 갔었니?) — 의문부사

녹음을 듣고 소리내어 읽어볼까요?

어디 가세요?

Where are you going?

웨얼 알 유 고잉

내 전화기 어디 있어요?

Where is my phone?

웨얼 이즈 마이 포운

내 책은 어디에 있어요?

Where is my book?

웨얼 이즈 마이 북

당신 차는 어디에 있어요?

Where is your car?

웨얼 이즈 유얼 카ㄹ

이거 어디서 샀어요?

Where did you buy this?

웨얼 디드 유 바이 디스

가장 가까운 버스정류장이 어디죠?

Where's the nearest bus stop?

웨얼즈 더 니어리슷 버스 스탑

A: 내 지갑이 어디 있지? □ □ □

B: 부엌 테이블에 있는 거 봤어요.

~은 언제예요?/언제 ~해요?

When ~? (의문사)

A: **When is your next class?**

웬 이즈 유얼 넥스트 클래스

너네 다음 수업은 언제야?

B: **It's at 2.**

잇츠 앳 투

2시.

학습포인트!

의문사 When과 접속사 When은 둘 다 문장 맨 앞에 올 수 있기 때문에 구분하기 어렵다고 생각하는 사람이 많지만 when 다음에 오는 주어와 동사의 순서만 확인하면 쉽습니다.
When이 의문사로 쓰일 때는 When+동사+주어~(When can I call you?), 접속사로 쓰일 때는 When+주어+동사~(When I came home, he was sleeping.)!

영어 녹음을 듣고 소리내어 읽어볼까요?

생일이 언제예요?

When is your birthday?

웬 이즈 유얼 벌스데이

시험은 언제 봐요?

When is your exam?

웬 이즈 유얼 이그잼

그는 언제 돌아오나요?

When will he be back?

웬 윌 히 비 백

그들은 언제 이사 갈 거예요?

When are they moving out?

웬 알 데이 무빙 아웃

언제 다시 당신을 만날 수 있나요?

When can I see you again?

웬 캔 아이 씨 유 어게인

다음 버스는 언제 와요?

When does the next bus arrive?

웬 더즈 더 넥스트 버스 어라이브

A: 너네 다음 수업은 언제야? □ □ □

B: 2시.

...은 어떻게 ~해요?/얼마나 ~예요?

How ~? (의문사)

A: How much is the bus fare?

하우 머치 이즈 더 버스 페어

버스 요금은 얼마예요?

B: It's 2 dollars.

잇츠 투 달러즈

2달러입니다.

학습포인트!

의문사 How로 시작되는 의문문은 수단과 방법, 교통수단, 방향, 사람의 상태, 일의 진행상태, 숫자, 가격, 양, 거리, 시간의 길이 등을 물어보는 표현입니다. 주로 '어떻게, 얼마나'의 뜻으로 쓰이고 뒤에 형용사나 부사가 잘 붙는다는 특징이 있습니다. 예를 들면 How far ~? How long ~? 이런 식으로요.

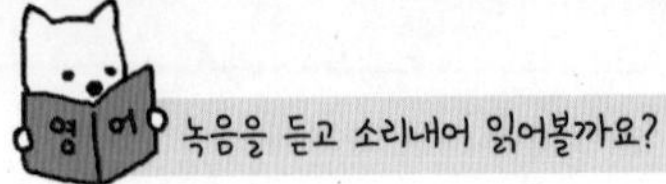

녹음을 듣고 소리내어 읽어볼까요?

얼마에요?

How much is it?

하우 머치 이즈 잇

그녀는 몇 살이에요?

How old is she?

하우 올드 이즈 쉬

그건 어떻게 작동해요?

How does it work?

하우 더즈 잇 웍

지금 기분이 어떠세요?

How are you feeling now?

하우 알 유 필링 나우

얼마나 자주 외식하니?

How often do you eat out?

하우 오픈 두 유 잇 아웃

여기서 버스 정류장까지 얼마나 멀어요?

How far is the bus stop from here?

하우 퐈 이즈 더 버스 스탑 프럼 히얼

A: 버스 요금은 얼마예요? □ □ □

B: 2달러입니다.

학습일 / ☐

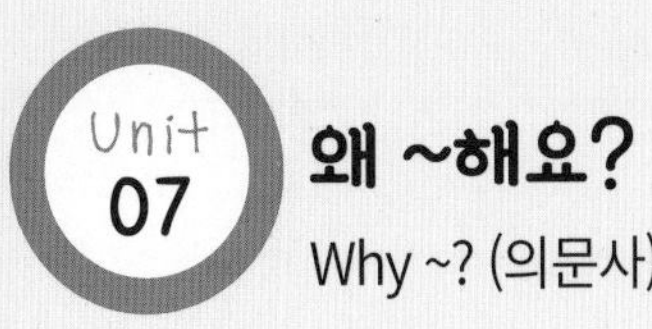

왜 ~해요?

Why ~? (의문사)

말해볼까요?

A: **Why do you like him?**

와이 두 유 라이크 힘

왜 그를 좋아하는 거예요?

B: **Well, he is always nice to me.**

웰, 히 이즈 올웨이즈 나이스 투 미

어, 그는 언제나 나에게 잘 해줘요.

학습포인트!

의문사 Why는 이유를 물을 때 씁니다. 의문사 뒤에는 be동사, 일반동사, 조동사가 다 올 수 있으므로 다양한 문장을 만들 수 있습니다.

① Why+be동사+주어 ~? Why are you late? (왜 늦었니?)

② Why+do동사+주어+동사원형 Why do you run? (왜 뛰어가니?)

③ Why+조동사+주어+동사원형 Why will you learn that? (왜 그걸 배우려는 거니?)

녹음을 듣고 소리내어 읽어볼까요?

왜 늦었어요?

Why are you late?

와이 알 유 레잇

그는 왜 서두르는 거예요?

Why is he in a hurry?

와이 이즈 히 인 어 허리

왜 그 책을 좋아하나요?

Why do you like the book?

와이 두 유 라익 더 북

그는 왜 그렇게 피곤해 보이는 거예요?

Why does he look so tired?

와이 더즈 히 룩 쏘 타이어드

그들은 왜 그녀를 쫓는 거예요?

Why do they chase her?

와이 두 데이 췌이스 헐

그녀는 왜 그를 좋아할까요?

Why does she like him?

와이 더즈 쉬 라이크 힘

07 대화 다시듣기

A: 왜 그를 좋아하는 거예요?

B: 어, 그는 언제나 나에게 잘 해줘요.

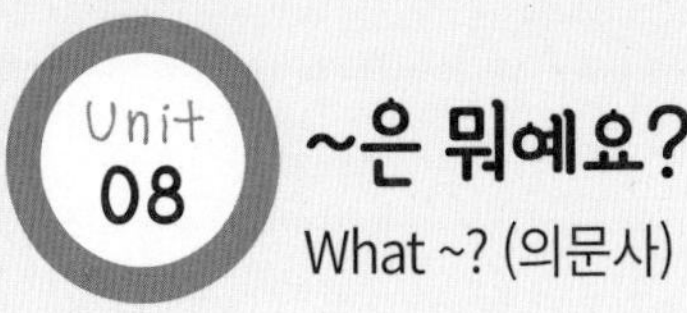

~은 뭐예요?

What ~? (의문사)

말해볼까요?

A: **What's your favorite food?**

왓츠 유얼 페이버릿 푸드

가장 좋아하는 음식이 뭐예요?

B: **It's Chinese.**

잇츠 차이니즈

중국 음식이요.

학습포인트!

의문사 what은 기본적으로 '무엇, 무슨'의 뜻을 갖고 있습니다. 의문사 가운데 주어로 쓸 수 있는 것은 what, which, who 3가지인데, 의문사가 주어로 쓰인 경우에는 의문문의 형태가 달라져서 관계대명사인지 의문대명사인지 헷갈릴 수 있습니다. 그럴 땐 해석을 통해서 구분하는데, '~하는 것'으로 해석되면 관계대명사이고, '무엇'으로 해석되면 의문대명사입니다.

영어 녹음을 듣고 소리내어 읽어볼까요?

지금 몇 시에요?

What time is it now?

왓 타임 이즈 잇 나우

요점이 뭐예요?

What's your point?

왓츠 유얼 포인트

성이 뭐예요?

What's your last name?

왓츠 유얼 라스트 네임

뭘 찾고 있어요?

What are you looking for?

워라유 루킹 풔

그 상자 안에 있는 건 뭐예요?

What's in that box?

왓츠 인 댓 박스

여기서 무슨 일이 있었어요?

What happened here?

왓 해픈드 히얼

A: 가장 좋아하는 음식이 뭐예요? ☐ ☐ ☐

B: 중국 음식이요.

~은 누구예요?/누가 ~했어요?

Who ~? (의문사)

A: **I don't think it's fair.**

아이 돈ㅌ 씽 잇츠 페어

그건 공평하지 않다고 생각해요.

B: **Who asked your opinion?**

후즈 애슥트 유얼 오피니언

누가 네 의견 물었어?

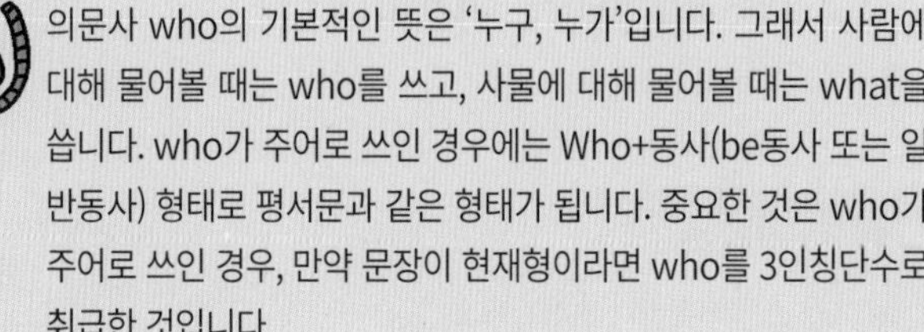

의문사 who의 기본적인 뜻은 '누구, 누가'입니다. 그래서 사람에 대해 물어볼 때는 who를 쓰고, 사물에 대해 물어볼 때는 what을 씁니다. who가 주어로 쓰인 경우에는 Who+동사(be동사 또는 일반동사) 형태로 평서문과 같은 형태가 됩니다. 중요한 것은 who가 주어로 쓰인 경우, 만약 문장이 현재형이라면 who를 3인칭단수로 취급한 것입니다.

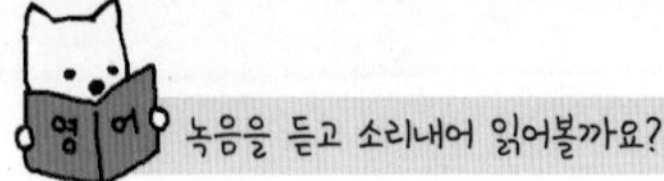

누구세요?

Who are you?

후 알 유

저 여자는 누구에요?

Who is that girl?

후 이즈 댓 걸

누가 그런 말 했어요?

Who said that?

후 세드 댓

누가 초대했죠?

Who invited you?

후 인바잇티드 유

누굴 바꿔 드릴까요?

Who do you want to speak to?

후 두 유 원투 스픽 투

누가 당신 의견을 물었어요?

Who asked your opinion?

후 애슥트 유얼 오피니언

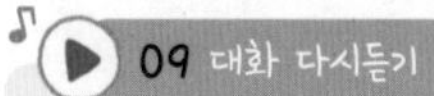

A: 그건 공평하지 않다고 생각해요. ☐ ☐ ☐

B: 누가 네 의견 물었어?

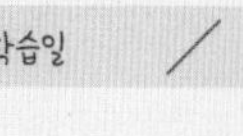

~은 어느 쪽이에요?/어느 것이 ~예요?

Which ~? (의문사)

말해볼까요?

A: **Which do you like better, coffee or tea?**

위치 두 유 라익 배러, 커피 오어 티

커피와 차 중 어떤 것으로 하시겠어요?

B: **Coffee, please.**

커피, 플리즈

커피로 주세요.

학습포인트!

의문사 Which의 기본적인 뜻은 '어느, 어느 것'이고, 의문사 which의 기본 개념은 '선택'입니다. which는 단독으로도 쓰이고 'which+명사어구'로 짝을 이루기도 합니다. which 단독으로 쓰일 때는 '어느 것'으로 해석하고 'which+명사어구'로 짝을 이루어 쓰일 때는 '어느 명사'로 해석합니다.

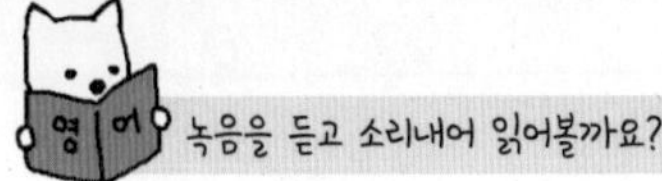

어느 것이 당신 책인가요?

Which is your book?

위치 이즈 유얼 북

어느 게 더 낫습니까?

Which is better?

위치 이즈 배러

어느 게 그들의 집이죠?

Which is their house?

위치 이즈 데어 하우스

당신의 선택은 어느 쪽이에요?

Which is your choice?

위치 이즈 유얼 초이스

차와 커피 가운데 어느 것을 더 좋아하세요?

Which do you prefer, tea or coffee?

위치 두 유 프리퍼, 티 오어 커피

박물관은 어느 쪽 길이에요?

Which way is the museum, please?

위치 웨이 이즈 더 뮤지엄, 플리이즈

A: 커피와 차 중 어떤 것으로 하시겠어요? ☐ ☐ ☐

B: 커피로 주세요.

~은 누구 거예요?/누구의 ~예요?

Whose ~? (의문사)

A: **Whose turn is it next?**

후즈 턴 이즈 잇 넥스트

다음은 누구 차례야?

B: **It's your turn, idiot.**

잇츠 유얼 턴, 이디엇

네 차례잖아. 멍청아.

학습포인트!

의문사는 의문대명사, 의문형용사, 의문부사로 나뉘고 문장에서 각각 명사, 형용사, 부사 역할을 합니다. whose는 대명사와 형용사로 쓰이는데 의문대명사로 쓰일 때는 '누구의 것'이라는 의미를 갖고, 의문형용사로 쓰일 때는 who의 소유격 '누구의'라는 의미를 갖기 때문에 반드시 뒤에 명사가 따라옵니다.

녹음을 듣고 소리내어 읽어볼까요?

누구 차예요?

Whose car is it?

후즈 카ㄹ 이즈 잇

누구 계좌예요?

Whose account is it?

후즈 어카운트 이즈 잇

누구 사진이에요?

Whose picture is it?

후즈 픽처 이즈 잇

누구 전화기예요?

Whose phone is it?

후즈 폰 이즈 잇

저것은 누구 집이죠?

Whose house is that?

후즈 하우스 이즈 댓

누구 차례예요?

Whose go is it?

후즈 고우 이즈 잇

A: 다음은 누구 차례야?

B: 네 차례잖아. 멍청아.

☐ ☐ ☐

학습일 /

얼마나 ~인가!/정말 ~인걸!

How + 형용사[부사] ~! (감탄문)

말해볼까요?

A: Look! How beautiful it is!

룩! 하우 뷰티플 잇 이즈

이것 좀 봐요! 정말 너무 아름다워요.

B: Wow! They fly up to the sky!

와우! 데이 플라이 업 투 더 스카이

와! 그들이 하늘로 날아올라요!

학습포인트!

감탄문은 '참 ~하다!'라는 의미로 놀라움, 감탄, 기쁨, 슬픔 등의 의미를 강조하는 표현입니다. 감탄문에는 의문사 How나 What을 쓰는데 How로 시작하는 감탄문은 주어보다 형용사, 부사를 강조할 때 사용합니다.

How boring this movie is! (영화가 어찌나 지루한지!)
이렇게 영화가 아니라 지루하다는 점을 강조합니다.

녹음을 듣고 소리내어 읽어볼까요?

귀여워라!

How cute!

하우 큐트

얼마나 예쁜지!

How pretty!

하우 프리티

얼마나 비싼지!

How expensive!

하우 익스펜시브

어쩜 이렇게 사랑스러운지!

How lovely!

하우 러블리

그녀는 얼마나 빨리 뛰는지!

How fast she runs!

하우 패스트 쉬 런스

정말 지루한 영화야!

How boring this movie is!

하우 보링 디스 무비 이즈

A: 이것 좀 봐요! 정말 너무 아름다워요.

B: 와! 그들이 하늘로 날아올라요!

☐ ☐ ☐

얼마나 ~인가!/정말 ~인걸!

What + (a/an) 형용사 + 명사 ~! (감탄문)

A: **What a beautiful sight!**

와러 뷰티플 싸잇

정말 멋진 풍경이에요.

B: **Totally!**

토우털리

정말 그래요.

학습포인트!

What으로 시작하는 감탄문 역시 '참 ~하다!'라는 의미입니다. How 감탄문이 형용사, 부사를 강조하는 것과 달리 What 감탄문은 주어를 강조합니다.

What a cute doll (it is)! (정말 귀여운 인형이야!)

실생활에서는 감탄문을 말할 때 흔히 주어와 동사를 생략합니다.

How nice! (정말 멋져!) / What a nice day! (날씨 정말 좋은데!)

녹음을 듣고 소리내어 읽어볼까요?

날씨 정말 좋은데!

What a nice day!

와러 나이스 데이

얼마나 귀여운 인형인가!

What a cute doll (it is)!

와러 큐트 돌 (잇 이즈)

정말 사랑스러운 소녀야!

What a lovely girl!

와러 러블리 걸

저 차는 정말 작은걸!

What a tiny car (it is)!

와러 타이니 카ㄹ (잇 이즈)

개들이 어찌나 큰지!

What big dogs (they are)!

왓 빅 독스 (데이 알)

정말 흥미로운 경기인걸!

What an interesting game (it is)!

와런 인터레스팅 게임 (잇 이즈)

A: 정말 멋진 풍경이에요. □□□

B: 정말 그래요.

~하세요

동사원형 ~. (명령문)

A: Wait for me here.

웨잇 풔 미 히얼

여기서 기다려.

B: How long do I have to wait?

하우 롱 두 아이 햅 투 웨잇

얼마나 기다려야 되나요?

학습포인트!

명령문은 형태가 간단해서 쉬워 보이지만 기본개념과 특징을 제대로 익혀둬야 합니다. 명령문의 특징은 ① 동사원형으로 시작한다 ② 주어를 쓰지 않는다는 것입니다. 시작하는 동사는 be동사, 일반동사 모두 쓸 수 있으며 주어를 쓰지 않는 이유는 명령문의 특성상 앞에 있는 you한테 말하는 것이 분명하기 때문입니다. 멍령문에 please를 붙이면 부탁하는 표현이 됩니다.

녹음을 듣고 소리내어 읽어볼까요?

조용히 해!

Be quiet!

비 콰이엇

창문을 여세요.

Open the window.

오픈 더 윈도우

이쪽으로 오세요.

Come over here.

컴 오우버 히얼

울음을 그쳐요.

Stop crying.

스탑 크라잉

소금을 건네주세요.

Pass me the salt.

패스 미 더 솔트

책을 가져가세요.

Take the book.

테익 더 북

A: 여기서 기다려.

B: 얼마나 기다려야 되나요?

☐ ☐ ☐

~하지 마세요

Don't + 동사원형 ~. (금지 명령문)

A: **Hurry up, it's late.**

허리 업, 잇츠 레잇

서둘러요, 늦었어요.

B: **Don't run too fast. You may fall down.**

돈ㅌ 런 투 패슷. 유 메이 폴 다운

너무 빨리 뛰지 마. 넘어질라.

학습포인트!

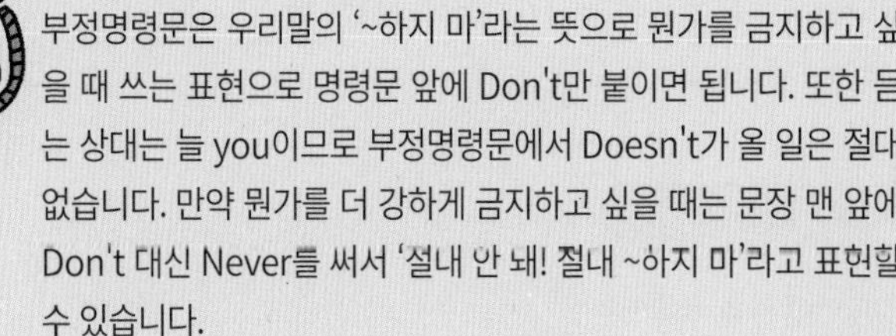

부정명령문은 우리말의 '~하지 마'라는 뜻으로 뭔가를 금지하고 싶을 때 쓰는 표현으로 명령문 앞에 Don't만 붙이면 됩니다. 또한 듣는 상대는 늘 you이므로 부정명령문에서 Doesn't가 올 일은 절대 없습니다. 만약 뭔가를 더 강하게 금지하고 싶을 때는 문장 맨 앞에 Don't 대신 Never를 써서 '절대 안 돼! 절대 ~하지 마'라고 표현할 수 있습니다.

영어 녹음을 듣고 소리내어 읽어볼까요?

움직이지 마!

Don't move!

돈ㅌ 무브

아무것도 만지지 마세요.

Don't touch anything.

돈ㅌ 터취 애니씽

여기로 전화하지 마세요.

Don't call me here.

돈ㅌ 콜 미 히얼

단 거 먹지 마세요.

Don't eat sweets.

돈ㅌ 잇 스윗츠

교실에서 뛰지 마세요.

Don't run in the classroom.

돈ㅌ 런 인 더 클래스룸

여기서 떠들지 마세요.

Don't make a noise here.

돈ㅌ 메이크 어 노이즈 히얼

A: 서둘러요, 늦었어요. □□□

B: 너무 빨리 뛰지 마. 넘어질라.

학습일 /

~합시다

Let's ~. (권유문)

A: Let's go out to eat.

렛츠 고우 아웃 투 잇

나가서 뭐 좀 먹자.

B: Yeah, that sounds good.

이예, 댓 사운즈 굿

그래, 그게 좋겠어.

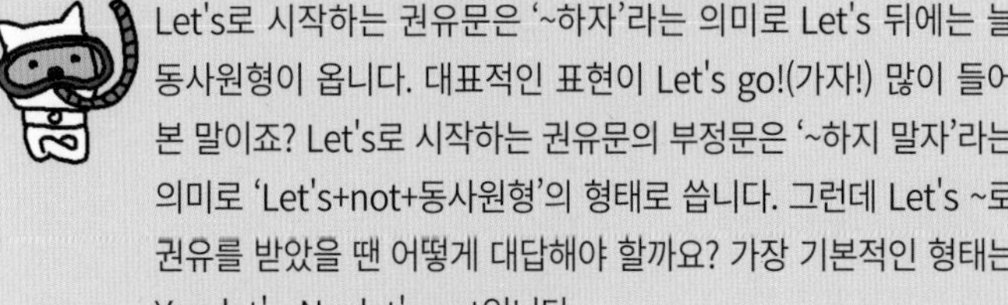

Let's로 시작하는 권유문은 '~하자'라는 의미로 Let's 뒤에는 늘 동사원형이 옵니다. 대표적인 표현이 Let's go!(가자!) 많이 들어 본 말이죠? Let's로 시작하는 권유문의 부정문은 '~하지 말자'라는 의미로 'Let's+not+동사원형'의 형태로 씁니다. 그런데 Let's ~로 권유를 받았을 땐 어떻게 대답해야 할까요? 가장 기본적인 형태는 Yes, let's. No, let's not입니다.

영어 녹음을 듣고 소리내어 읽어볼까요?

밖에 나갑시다.

Let's go out.

렛츠 고우 아웃

바닷가에 갑시다.

Let's go to the beach.

렛츠 고우 투 더 비취

야구합시다.

Let's play baseball.

렛츠 플레이 베이스볼

잠깐 쉽시다.

Let's have a break.

렛츠 해버 브레이크

영어를 공부합시다.

Let's study English.

렛츠 스터디 잉글리쉬

우리 뭐 좀 먹을까요?

Let's eat something, shall we?

렛츠 잇 썸씽, 쉘 위

16 대화 다시듣기

A: 나가서 뭐 좀 먹자.

B: 그래, 그게 좋겠어.

□ □ □

...은 ~해요

주어 + 동사 (1형식 문장)

A: She smiled! She looked at me and smiled!

쉬 스마일드! 쉬 룩트 앳 미 앤 스마일드

그녀가 웃었어! 그녀가 날 보고 웃었다구!

B: So what?

쏘 왓

그래서 뭐?

학습포인트!

모든 영어 문장은 딱 5가지 문장 형식으로 구분됩니다. 1형식은 주어와 동사만으로 이루어지는 가장 단순한 문장으로 '주어가 ~한다'라는 의미를 갖습니다. It's raining outside.(밖에 비오고 있어)은 1형식 문장입니다. 주어는 It, 동사(서술어)는 is raining, outside는 부사입니다. 여기시 꼭 알아야 할 깃은 부사나 부사구는 문장형식에 포함되지 않는다는 것입니다.

녹음을 듣고 소리내어 읽어볼까요?

새들이 노래해요.

The birds sing.

더 버즈 씽

나는 잠을 많이 자요.

I sleep a lot.

아이 슬립 어 랏

아이가 울었어요.

The baby cried.

더 베이비 크라이드

그가 웃었어요.

He laughed.

히 랩트

우리는 모두 기도했어요.

We all prayed.

위 올 프레이드

그 기계는 잘 작동해요.

The machine works well.

더 머신 웍스 웰

A: 그녀가 웃었어! 그녀가 날 보고 웃었다구! □ □ □

B: 그래서 뭐?

...은 ~이에요[해요]

주어 + 동사 + 보어 (2형식 문장)

말해볼까요?

A: What exactly is your job?

왓 이그젝틀리 이즈 유얼 잡

직업이 정확히 뭐예요?

B: I am an actor.

아이 엠 언 액터

나는 배우예요.

학습포인트!

2형식 문장은 기본적으로 '주어는 ~이다'라는 의미를 갖고 있고 '주어+동사+주격보어'의 형태로 씁니다. 주격보어는 주어를 보충해 주는 설명으로 주격보어 자리에는 형용사와 명사가 올 수 있습니다. The exam was too difficult.(시험이 너무 어려웠어) 주격보어 difficult가 주어 The exam이 어땠는지 설명해줍니다. 여기서 too는 부사이므로 문장형식에 들어가지 않습니다.

영어 녹음을 듣고 소리내어 읽어볼까요?

나는 학생이에요.

I am a student.

아이 엠 어 스튜던트

그녀는 유명해요.

She is famous.

쉬 이즈 페이머스

그는 의사예요.

He is a doctor.

히 이즈 어 닥터

당신은 멍청하지 않아요.

You are **not** foolish.

유 알 낫 풀리쉬

그들은 부유해요.

They are rich.

데이 알 리취

그녀는 아름다워요.

She is beautiful.

쉬 이즈 뷰티풀

A: 직업이 정확히 뭐예요? □ □ □

B: 나는 배우예요.

...은 ~을 ~해요

주어 + 동사 + 목적어 (3형식 문장)

A: **He resembles his grandpa.**

히 리젬블즈 히즈 그랜드파

그는 할아버지를 닮았어요.

B: **Yes, I think so too.**

예스, 아이 씽 쏘 투

맞아요, 나도 그렇게 생각해요.

학습포인트!

3형식 문장은 기본적으로 '주어가 목적어를 ~한다'라는 의미를 갖고 있습니다. '주어+동사+목적어' 형태로 쓰는데 3형식에서 쓰는 동사는 타동사입니다. 동사의 종류는 자동사와 타동사가 있는데, 자동사는 목적어가 필요 없는 말이고 타동사는 목적어가 필요한 말이라고 이해하면 됩니다. I love you.(난 널 사랑해)에서 love는 목적어가 필요한 말이므로 타동사입니다.

영어 녹음을 듣고 소리내어 읽어볼까요?

난 당신을 좋아해요.

I like you.

아이 라이크 유

나는 접시를 닦았어요.

I washed the dishes.

아이 워쉬트 더 디쉬즈

그녀는 쿠키를 만들었어요.

She made cookies.

쉬 메이드 쿠키즈

그는 선물을 받았어요.

He took a gift.

히 툭 어 깁트

그는 피아노를 쳤어요.

He played the piano.

히 플레이드 더 피애노우

난 그 책을 갖고 싶어요.

I want the book.

아이 원트 더 북

A: 그는 할아버지를 닮았어요. □ □ □

B: 맞아요, 나도 그렇게 생각해요.

...은 ~에게 ~을 ~해요

주어 + 동사 + 간접목적어 + 직접목적어 (4형식 문장)

A: **He gave me a bunch of flowers. What does that mean?**

히 게이브 미 어 브런치 옵 플라워즈. 왓 더즈 댓 민

그가 나에게 꽃 한 다발을 주었어요. 무슨 뜻일까요?

B: **That means he likes you.**

댓 민즈 히 라익스 유

그거야 널 좋아한다는 뜻이지.

학습포인트!

간접목적어는 '~에게'라는 뜻으로 대개 사람이고, 직접 목적어는 '~를'이라는 뜻으로 대개 사물입니다. 그래서 4형식 문장은 '~에게(사람) ~를(사물) 주다'라는 의미를 갖게 되는 것입니다. 동사에는 주로 '주다'라는 의미를 갖는 give(주다), buy(사주다), make(만들어주다), show(보어주다) 등의 수여동사가 쓰입니다.

He bought her a ring. (그는 그녀에게 반지를 사주었다.)

영어 녹음을 듣고 소리내어 읽어볼까요?

그는 나에게 책을 한 권 보여주었어요.

He showed me a book.

히 쇼우드 미 어 북

그녀는 나에게 쿠키를 만들어 주었어요.

She made me cookies.

쉬 메이드 미 쿠키즈

그는 우리에게 영어를 가르쳐요.

He teaches us English.

히 티취즈 어스 잉글리쉬

그녀가 나에게 선물을 주었어요.

She gave me a gift.

쉬 게이브 미 어 깁트

그들은 그녀에게 차를 사주었어요.

They bought her a car.

데이 보우트 헐 어 카ㄹ

우리는 그녀에게 크리스마스카드를 보냈어요.

We sent her a Christmas card.

위 센트 헐 어 크리스마스 카드

A: 그가 나에게 꽃 한 다발을 주었어요. 무슨 뜻일까요?

B: 그거야 널 좋아한다는 뜻이지.

...은 ~인[하는] ~을 ~해요

주어 + 동사 + 목적어 + 목적보어 (5형식 문장)

A: **Where is Jane? She was here just now.**

웨얼 이즈 제인? 쉬 워즈 히얼 저슷 나우

제인 어디 있지? 금방 여기 있었는데.

B: **I saw her running a few minutes ago.**

아이 쏘우 헐 러닝 어 퓨 미닛츠 어고우

조금 전에 그녀가 달려가는 걸 봤어.

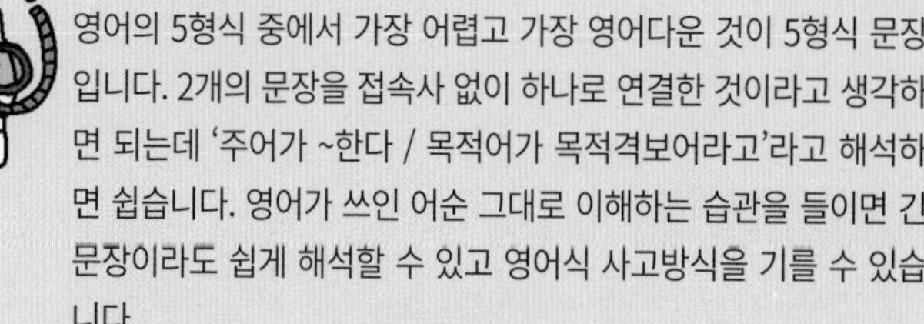

영어의 5형식 중에서 가장 어렵고 가장 영어다운 것이 5형식 문장입니다. 2개의 문장을 접속사 없이 하나로 연결한 것이라고 생각하면 되는데 '주어가 ~한다 / 목적어가 목적격보어라고'라고 해석하면 쉽습니다. 영어가 쓰인 어순 그대로 이해하는 습관을 들이면 긴 문장이라도 쉽게 해석할 수 있고 영어식 사고방식을 기를 수 있습니다.

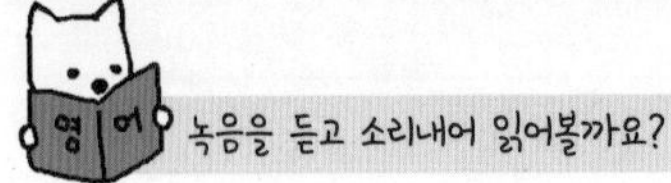

그녀는 나를 행복하게 해요.

She makes me happy.

쉬 메익스 미 해피

그는 그녀를 돌게 만들었어요.

He made her crazy.

히 메이드 헐 크레이지

나는 그가 친절하다고 생각해요.

I think him kind.

아이 씽크 힘 카인드

우리는 UFO가 날아가는 것을 봤어요.

We saw a UFO flying.

위 쏘우 어 유에프오우 플라잉

그들이 문을 연 채로 놔두었어요.

They left the door open.

데이 레프트 더 도어 오픈

우리는 당신이 버스 정류장에 가는 것을 봤어요.

We saw you go to the bus stop.

위 쏘우 유 고우 투 더 버스 스탑

A: 제인 어디 있지? 금방 여기 있었는데.

B: 조금 전에 그녀가 달려가는 걸 봤어.

내 손에서 만만하게 시작하는 포켓북 영어 첫걸음!

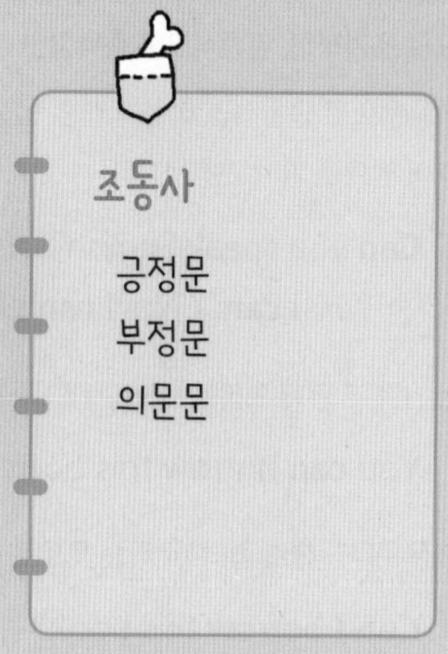

1 조동사가 뭐야?

조동사는 말 그대로 **동사를 도와주는 말**로 동사만으로 뜻을 명확히 전달할 수 없을 때 조동사를 함께 사용합니다. 대표적인 조동사에는 **can**, **may**, **must**, **shall**, 앞서 배운 **will** 등이 있으며, 조동사의 용법으로 꼭 한 가지 알아둬야 할 사항은 조동사 뒤에는 반드시 **동사원형**이 온다는 것입니다.

2 가능과 허가를 나타내는 can

can 은 '~할 수 있다'라는 뜻으로 가능과 능력을 나타냅니다.

I **can** speak English. 나는 영어를 할 줄 압니다.

이 문장을 부정문으로 만들어 볼까요? 조동사가 있는 문장은 조동사 뒤에 not를 두면 부정문이 됩니다. can not은 2개의 단어를 연결하여 cannot으로 표기하며, 일반적으로 축약형인 can't가 많이 쓰입니다.

의문문으로 만들려면 어떻게 하면 될까요? 조동사가 있는 문장은 조동사를 주어 앞으로 가져오면 됩니다.

Can you speak English? 당신은 영어를 할 줄 아세요?
→ Yes, I **can**. / No, I **can't**.

can의 두 번째 의미는 '~해도 된다'라는 허가를 나타내기도 합니다.

You **can** borrow this book. 이 책을 빌려가도 괜찮습니다.

의문문은 '~해도 됩니까?'라는 뜻으로 허가를 구하는 표현이 됩니다.

Can I borrow this book? 이 책을 빌려가도 됩니까?

또한, can은 '~일(할)지도 모른다'라는 뜻으로 추측을 나타내기도 합니다.

It **can** be true. 그것은 사실일지도 모릅니다.
It **cannot** be true. 그것은 사실일 리가 없습니다.

can의 과거형 could는 본래 '~할 수 있었다'라는 과거의 일을 나타내지만, Could you~?라는 형태의 의문문은 '~해 주시겠습니까?'라는 정중한 의뢰를 나타냅니다.

Could you carry my baggage? 제 짐을 옮겨 주시겠습니까?

3 허가와 추측과 의무를 나타내는 may와 must

조동사 may가 가장 많이 쓰이는 것은 '~해도 됩니까?'의 뜻으로 허가를 구하는 May I~? / May we ~?의 패턴입니다. Can I ~?도 허가를 구하는 표현이지만, May I ~?가 더 정중한 표현입니다.

May I sit here? 여기에 앉아도 되겠습니까?

또한 May I ~?의 질문에 대해서 Yes, you may. / No, you may not. 이라고 대답하면 윗사람이 아랫사람에게 대해서 허가하는 듯한 뉘앙스가 되므로 이것을 피하기 위해 다음과 같이 대답합니다.

May I borrow this book? 이 책을 빌려가도 되겠습니까?
→ Certainly. / Sorry, but you can't.

may는 '~일(할)지도 모른다'라는 추측의 의미로도 많이 쓰입니다.

That **may** be a good idea. 그건 좋은 생각일지도 모릅니다.

must는 '~해야 한다'라는 의무와, '~임에 틀림없다'라는 강한 추측을 나타내기도 합니다.

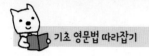

You **must** follow the rules. 당신은 규칙을 지켜야 합니다.

Susan **must** be angry. 수잔은 화가 나 있음에 틀림없습니다.

may not도 '~하면 안 된다'라는 뜻으로 금지를 나타내지만, must not이 더 보다 강한 금지를 나타냅니다.

You **must not** smoke here. 여기서 담배를 피우면 안 됩니다.

4 의향과 권유와 의무를 나타내는 shall과 should

shall은 주로 Shall I ~?, Shall we ~?의 의문형으로 쓰이며, 의향이나 권유를 나타냅니다.

Shall I bring you something to drink? 마실 것을 드릴까요?

→ Yes, please. / No, thank you.

Shall we go out for a drink? 함께 마시러 갈래요?

→ Yes, let's. / No, let's not.

should는 '~해야 한다'와 '~하는 게 좋다'라는 의무를 나타냅니다.

We **should** work together. 우리는 협력해야 합니다.

should의 부정형 should not(shouldn't)은 '~하면 안 된다'라는 금지의 의미가 됩니다.

학습일 / 

...은 ~할 수 있어요

주어 + can ~. (can 긍정문)

말해볼까요?

A: **Ostriches can run faster than leopards.**

아스트리취즈 캔 런 패스터 댄 래퍼드스

타조는 표범보다 빨리 달릴 수 있어요.

B: **Is that so?**

이즈 댓 쏘

그래요?

학습포인트!

조동사 can은 일반적으로 능력과 가능을 나타내는 '~할 수 있다'와 허가를 나타내는 '~해도 좋다'는 의미를 갖고 있습니다. can을 비롯한 모든 조동사는 반드시 '조동사+동사원형'의 형태로 써야 합니다.

He can play the piano. (그는 피아노를 칠 수 있어.)
— 능력, 가능

You can go home now. (이제 집에 가도 좋아.) — 허가

그녀는 춤 출 수 있어요.

She can dance.

쉬 캔 댄스

나는 운전할 수 있어요.

I can drive a car.

아이 캔 드라이브 어 카ㄹ

그 아기는 말을 할 수 있어요.

The baby can speak.

더 베이비 캔 스픽

우리는 수영을 아주 잘 해요.

We can swim very well.

위 캔 스윔 베리 웰

그들은 아주 빨리 달릴 수 있어요.

They can run very fast.

데이 캔 런 베리 패스트

그는 영어를 유창하게 말할 수 있어요.

He can speak English fluently.

히 캔 스픽 잉글리쉬 플루언틀리

A: 타조는 표범보다 빨리 달릴 수 있어요. □ □ □

B: 그래요?

...은 ~할 수 없어요[못해요]

주어 + can't ~. (can 부정문)

말해볼까요?

A: **Can you swim well?**

캔 유 스윔 웰

수영 잘 하세요?

B: **No, I can't swim at all.**

노, 아이 캔ㅌ 스윔 앳 올

아뇨, 난 수영을 전혀 못해요.

학습포인트!

can의 부정형은 can 뒤에 부정어 not을 바로 붙여서(cannot) 쓰거나 can't로 줄여서 씁니다. '~할 수 없다', '~하면 안 돼'라는 의미 외에도 '~일 리가 없다(추측)'는 의미로 현재의 불가능한 상황을 표현합니다. I can't dance well.(나는 춤을 잘 못 춰) / You can't go out at night.(밤에 나가면 안 돼) / It can't be true.(그럴 리가 없어) You can't be hungry.(배고플 리가 없어) — 금방 밥 먹고 나서 배고프다고 할 때

영어 녹음을 듣고 소리내어 읽어볼까요?

그녀는 춤 못 춰요.

She can't dance.

쉬 캔ㅌ 댄스

나는 운전 못해요.

I can't drive a car.

아이 캔ㅌ 드라이브 어 카ㄹ

그 아기는 아직 말을 못해요.

The baby can't speak yet.

더 베이비 캔ㅌ 스픽 옛

우리는 수영을 못해요.

We can't swim.

위 캔ㅌ 스윔

그들은 빨리 달리지 못해요.

They can't run fast.

데이 캔ㅌ 런 패스트

그는 영어를 유창하게는 말하지 못해요.

He can't speak English fluently.

히 캔ㅌ 스픽 잉글리쉬 플루언틀리

A: 수영 잘 하세요? □ □ □

B: 아뇨, 난 수영을 전혀 못해요.

학습일 

...은 ~할 수 있어요?

Can + 주어 ~? (can 의문문)

A: **Can I take your chair?**

캔 아이 테익 유얼 체어

의자를 가져가도 될까요?

B: **Yes, you can.**

예스, 유 캔

네, 그러세요.

학습포인트!

의문문을 만들 때 조동사가 있는 문장은 무조건 조동사를 주어 앞으로 보낸다고 생각하면 됩니다. 의문문은 '~해도 됩니까?'라는 뜻으로 허가를 구하는 표현으로 쓰이지만, can 의문문은 강한 의심을 나타내기도 합니다. Can it be true?(그게 사실일 수 있을까?)는 is it true?(정말이야?)보다 훨씬 강렬한 의심을 나타냅니다. 정말 믿을 수 없다는 뜻이고 그럴 가능성이 거의 없다고 생각한다는 뜻입니다.

영어 녹음을 듣고 소리내어 읽어볼까요?

춤 출 수 있어요?

Can you dance?

캔 유 댄스

운전할 수 있어요?

Can you drive a car?

캔 유 드라이브 어 카ㄹ

전화를 써도 될까요?

Can I use your phone?

캔 아이 유즈 유얼 포운

펜 빌려줄 수 있어요?

Can I borrow your pen?

캔 아이 바로우 유얼 펜

그게 사실일까요?

Can it be true?

캔 잇 비 트루

그들은 빨리 달릴 수 있을까요?

Can they run fast?

캔 데이 런 패스트

03 대화 다시듣기

A: 의자를 가져가도 될까요? □ □ □

B: 네, 그러세요.

...은 ~해도 되요/~일지도 몰라요/아마 ~일 거예요

주어 + may ~. (may 긍정문)

말해볼까요?

A: **You may use my car today.**

유 메이 유즈 마이 카ㄹ 투데이

오늘은 내 차를 써도 돼.

B: **Really? Thank you very much, Mom!**

리얼리? 땡큐 베리 머취, 맘

정말요? 정말 고마워요, 엄마!

학습포인트!

조동사 may는 허가의 용법으로도 쓰이지만, may 긍정문에는 불확실한 추측과 기원의 의미로도 쓰입니다. may는 50% 정도의 가능성이 있는 현재의 일반적인 추측을 나타냅니다.

You may use my pen. (내 펜을 써도 돼) — 허가
He may be sick. (그는 아플지도 몰라.) — 불확실한 추측
May she live long! (오래 살게 하소서!) — 기원

영어 녹음을 듣고 소리내어 읽어볼까요?

그것은 진실일지도 몰라요.

It may be true.

잇 메이 비 트루

아마 당신이 맞을 거예요.

You may be right.

유 메이 비 롸잇

그는 부자일지도 몰라요.

He may be rich.

히 메이 비 리취

그녀는 아마 오늘 올 거예요.

She may come today.

쉬 메이 컴 투데이

내 펜을 써도 되요.

You may use my pen.

유 메이 유즈 마이 펜

그는 아플지도 몰라요.

He may be sick.

히 메이 비 씩

A: 오늘은 내 차를 써도 돼. ☐ ☐ ☐

B: 정말요? 정말 고마워요, 엄마!

...은 ~하면 안 돼요/~이 아닐지도 몰라요/아마 ~이 아닐 거예요

주어 + may not ~. (may 부정문)

A: You may not believe it, but that's true.

유 메이 낫 빌리브 잇, 벗 댓츠 트루

믿지 않을지 모르지만, 그것은 사실이에요.

B: That's awful.

댓츠 워풀

세상에!

학습포인트!

may not은 '~하지 마' '~하면 안 돼'라는 뜻으로 쓰는데 must not 보다 금지의 의미가 약해서 '~하지 않았으면 좋겠다'는 정도의 느낌을 주는 부드러운 금지 표현입니다.

You may not leave here until you finish your homework.
(숙제 끝낼 때까지 여기서 떠나면 안 돼.)

그것은 진실이 아닐지도 몰라요.

It may not be **true.**

잇 메이 낫 비 트루

당신이 옳지 않을지도 몰라요.

You may not be **right.**

유 메이 낫 비 롸잇

그는 부자가 아닐지도 몰라요.

He may not be **rich.**

히 메이 낫 비 리취

그녀는 아마 오늘 오지 않을 거예요.

She may not come **today.**

쉬 메이 낫 컴 투데이

내 펜을 쓰면 안 돼요.

You may not use **my pen.**

유 메이 낫 유즈 마이 펜

그것을 변경하면 안 돼요.

You may not change **it.**

유 메이 낫 췌인지 잇

A: 믿지 않을지 모르지만, 그것은 사실이에요.

B: 세상에!

...은 ~ 해도 될까요?

May I ~? (may 의문문)

A: **May I open the window?**

메이 아이 오픈 더 윈도우

창문을 열어도 될까요?

B: **Yes, you may.**

예스, 유 메이

네, 그러세요.

학습포인트!

조동사 may로 시작하는 의문문은 '~해도 될까요?'라고 상대방의 허락을 구하거나 뭔가를 요청할 때 쓸 수 있는 부드럽고 공손한 표현입니다. 흔히 might를 사용해야 공손하고 격식 있는 표현이 된다고 생각하기 쉬운데 실생활에서 might로 시작하는 의문문은 거의 사용하지 않습니다. May I help you?(도와드릴까요?) / May I go now?(지금 가도 될까요?)

녹음을 듣고 소리내어 읽어볼까요?

도와드릴까요?

May I help you?

메이 아이 핼프 유

들어가도 될까요?

May I come in?

메이 아이 컴 인

외출해도 될까요?

May I go out?

메이 아이 고우 아웃

창문 열어도 될까요?

May I open the window?

메이 아이 오픈 더 윈도우

이 펜을 사용해도 되나요?

May I use this pen?

메이 아이 유즈 디스 펜

이름을 물어봐도 될까요?

May I ask your name?

메이 아이 애슥 유얼 네임

A: 창문을 열어도 될까요? □ □ □

B: 네, 그러세요.

...은 ~해야 해요/~임에 틀림없어요

주어 + must ~. (must 긍정문)

A: **We must eat to live.**

위 머스트 잇 투 리브

우리는 살기 위해 먹어야 해.

B: **Right you are. Let's go and have something delicious.**

롸잇 유 알. 렛츠 고 앤 햅 썸씽 딜리셔스

옳으신 말씀! 맛있는 거 먹으러 가자.

학습포인트!

must는 다양한 의미로 많이 쓰이는 조동사입니다. 기본적으로 의무나 필요성을 말할 때 '~해야 한다'는 의미로 사용하고, '~임에 틀림없다, ~인 것이 분명해'라는 강한 추측을 나타낼 때도 사용합니다.

You must drive carefully. (조심히 운전해야 해.) — 의무, 필요성

It must have rained last night. (간밤에 비가 온 게 분명해.) — 강한 추측

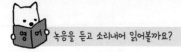

녹음을 듣고 소리내어 읽어볼까요?

당신 전화를 써야겠어요.

I must use your phone.

아이 머스트 유즈 유얼 포운

나는 그에게 꼭 카드를 보내야 해요.

I must send him a card.

아이 머스트 샌드 힘 어 카드

빨간불일 때는 멈춰야 해요.

You must stop at a red light.

유 머스트 스탑 앳 어 레드 롸잇

그들은 즉시 행동해야 해요.

They must act immediately.

데이 머스트 액트 이미디엇틀리

제 시간에 도착해야 해요.

We must arrive on time.

위 머스트 어라이브 온 타임

벌써 점심시간이 된 게 틀림없어요.

It must be lunch time already.

잇 머스트 비 런취 타임 얼레디

A: 우리는 살기 위해 먹어야 해.

B: 옳으신 말씀! 맛있는 거 먹으러 가자.

□ □ □

...은 ~하면 안 돼요

주어 + must not[mustn't] ~. (must 부정문)

A: **You must not press the key.**

유 머스트 낫 프레스 더 키

그 키를 누르시면 안 됩니다.

B: **Oh, I'm sorry. I didn't know.**

오, 아임 쏘리. 아이 디든ㅌ 노우

앗, 미안해요. 몰랐어요.

학습포인트!

must가 ① 의무, 필요성 ② 강한 추측을 나타내는 표현이라면 must의 부정 표현인 must not은 ②가 아니라 ①의 의미만을 부정하는 표현입니다. 하지 말아야 할 의무, 즉 강력한 금지를 나타냅니다. 이처럼 ②의 강한 추측을 부정하고 싶을 때는 cannot을 사용합니다.

You must not leave the door open. (문을 열어 놓으면 안 돼.)

영어 녹음을 듣고 소리내어 읽어볼까요?

내 전화를 쓰면 안 돼요.

You must not use my phone.

유 머스트 낫 유즈 마이 포운

그들은 즉시 행동하면 안 돼요.

They must not act immediately.

데이 머스트 낫 액트 이미디엇틀리

그걸 하면 안 돼요!

You mustn't do that!

유 머슨트 두 댓

우리는 시간을 낭비하면 안 돼요.

We mustn't waste time.

위 머슨트 웨이스트 타임

도서관에서 떠들면 안 돼요.

You must not speak in the library.

유 머스트 낫 스픽 인 더 라이브러리

그에게 카드를 보내면 안 돼요.

You must not send him a card.

유 머스트 낫 샌드 힘 어 카드

08 대화 다시듣기

A: 그 키를 누르시면 안 됩니다.

B: 앗, 미안해요. 몰랐어요.

□ □ □

학습일 / 

...은 ~해야 해요?

Must + 주어 ~? (must 의문문)

말해볼까요?

A: **Must I ask him that?**

머스트 아이 애스크 힘 댓

내가 그걸 그에게 요청해야 해요?

B: **No, you mustn't.**

노, 유 머슨트

아니야, 그러면 안 돼.

학습포인트!

must로 시작하는 의문문은 '주어는 ~해야 하니?'라는 의미로 의무에 관한 것, 반드시 해야만 하는 것에 대해 물을 때 씁니다. must의 의문문은 하지 않았다가는 큰일 날 것 같은 느낌, 강제와 강요의 느낌이 강하기 때문에 must를 사용한 긍정문을 의문문으로 바꿀 때는 대부분 have to로 바꿔서 부드럽게 표현합니다.

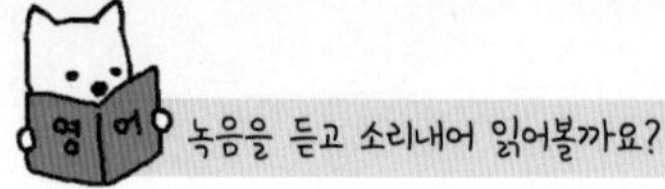

내가 그 사람을 만나야 해요?

Must I see him?

머스트 아이 씨 힘

당신은 일찍 일어나야 해요?

Must you get up early?

머스트 유 겟 업 얼리

우리는 지금 가야 해요?

Must we go now?

머스트 위 고우 나우

그녀는 수학을 공부해야 해요?

Must she study math?

머스트 쉬 스터디 매쓰

그들은 빨간불일 때 멈춰야 해요?

Must they stop at a red light?

머스트 데이 스탑 앳 어 레드 롸잇

내가 그걸 그에게 요청해야 해요?

Must I ask him that?

머스트 아이 애스크 힘 댓

A: 내가 그걸 그에게 요청해야 해요? □ □ □

B: 아니야, 그러면 안 돼.

Unit 10 ...은 ~해야 해요

주어 + have to ~. (have to 긍정문)

말해볼까요?

A: **We have to arrive on time.**

위 햅 투 어라이브 온 타임

시간에 늦지 않게 도착해야 해요.

B: **Don't worry. We have plenty of time.**

돈ㅌ 워리. 위 햅 플랜티 옵 타임

걱정 마세요. 시간 충분해요.

학습포인트!

have to는 '~해야 한다'는 의무의 의미로 사용된다는 점에서는 앞서 배운 must와 같지만 must에 비해 의무의 정도가 약하고, must는 말하는 사람의 의지가 많이 들어있는 반면, have to는 외부 요인에 의해 의무가 발생한다고 볼 수 있습니다. 그리고 must는 어형 변화가 없기 때문에 과거시제나 미래시제, 완료형으로 의무를 나타낼 때는 must 대신 have to를 씁니다.

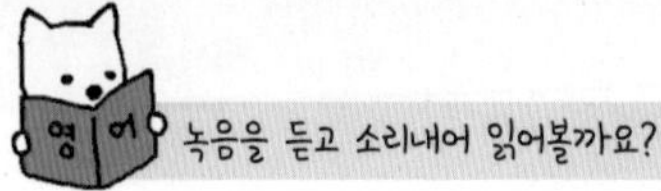

당신 전화를 써야겠어요.

I have to use **your phone.**

아이 햅 투 유즈 유얼 포운

나는 그에게 꼭 카드를 보내야 해요.

I have to send **him a card.**

아이 햅 투 샌드 힘 어 카드

빨간불일 때는 멈춰야 해요.

You have to stop **at a red light.**

유 햅 투 스탑 앳 어 레드 롸잇

나는 여섯 시에 일어나야 해요.

I have to get up **at six.**

아이 햅 투 겟 업 앳 식스

그들은 즉시 행동해야 해요.

They have to act **immediately.**

데이 햅 투 액트 이미디엇틀리

우리는 제 시간에 도착해야 해요.

We have to arrive **on time.**

위 햅 투 어라이브 온 타임

A: 시간에 늦지 않게 도착해야 해요. □ □ □

B: 걱정 마세요. 시간 충분해요.

...은 ~할 필요 없어요

주어 + don't have to ~. (have to 부정문)

말해볼까요?

A: **I think he's angry. What should I do now?**

아이 씽ㅋ 히즈 앵그리. 왓 슈드 아이 두 나우

그가 화난 것 같아요. 이제 어떡하죠?

B: **Yeah, look, you don't have to apologize to him.**

이예, 룩, 유 돈ㅌ 햅 투 어팔러좌이즈 투 힘

그래, 있잖아, 네가 그에게 사과할 필요는 없어.

학습포인트!

must의 부정어인 must not이 '강력한 금지 의무'를 나타내는 것에 비해 do not have to는 '불필요'를 나타냅니다. must not은 '하지 마! 안 돼!'라는 뜻이지만 don't have to는 '~할 필요 없어, ~하지 않아도 돼'라는 뜻인 거죠.

You must not press the key. (키를 누르면 안 돼.)

You don't have to press the key. (키를 누를 필요 없어.)

영어 녹음을 듣고 소리내어 읽어볼까요?

당신 전화를 쓸 필요 없어요.

I don't have to use your phone.

아이 돈ㅌ 햅 투 유즈 유얼 포운

나는 그에게 카드를 보낼 필요 없어요.

I don't have to send him a card.

아이 돈ㅌ 햅 투 샌드 힘 어 카드

당신은 제 시간에 도착할 필요 없어요.

You don't have to arrive on time.

유 돈ㅌ 햅 투 어라이브 온 타임

파란불일 때는 멈출 필요 없어요.

You don't have to stop at a green light.

유 돈ㅌ 햅 투 스탑 앳 어 그린 롸잇

그들은 즉시 행동할 필요 없어요.

They don't have to act immediately.

데이 돈ㅌ 햅 투 액트 이미디엇틀리

나는 여섯 시에 일어날 필요 없어요.

I don't have to get up at six.

아이 돈ㅌ 햅 투 겟 업 앳 식스

A: 그가 화난 것 같아요. 이제 어떡하죠?

B: 그래, 있잖아, 네가 그에게 사과할 필요는 없어.

☐ ☐ ☐

...은 ~해야 해요?

Do[Does] +주어 + have to ~? (have to 의문문)

A: Do I have to ask him that?

두 아이 햅 투 애스크 힘 댓

내가 그걸 그에게 요청해야 해요?

B: No, you don't.

노, 유 돈트

아니, 그럴 필요 없어.

학습포인트!

have to를 사용한 의문문은 문장 맨 앞에 do/does를 써서 만듭니다. must를 사용한 긍정문을 의문문으로 바꿀 때도 have to 표현을 사용하는 것이 일반적입니다. '주어가 ~을 꼭 해야 해?'라는 의미로 반드시 해야 할 의무나 필요성이 있는지 묻는다는 점에서는 must와 같지반 강세적인 의미는 must에 비해 약힌 표현입니다.

영어 녹음을 듣고 소리내어 읽어볼까요?

내가 그 사람을 만나야 해요?

Do I have to see him?

두 아이 햅 투 씨 힘

그녀는 수학을 공부해야 해요?

Does she have to study math?

더즈 쉬 햅 투 스터디 매쓰

당신은 일찍 일어나야 해요?

Do you have to get up early?

두 유 햅 투 겟 업 어얼리

그는 제 시간에 도착해야 해요?

Does he have to arrive on time?

더즈 히 햅 투 어라이브 온 타임

그에게 카드를 보내야 해요?

Do I have to send him a card?

두 아이 햅 투 샌드 힘 어 카드

빨간불일 때는 멈춰야 해요?

Do we have to stop at a red light?

두 위 햅 투 스탑 앳 어 레드 롸잇

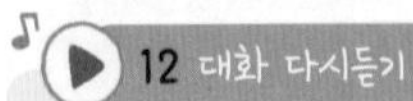

A: 내가 그걸 그에게 요청해야 해요? □□□

B: 아니, 그럴 필요 없어.

내 손에서 만만하게 시작하는 포켓북 영어 첫걸음!

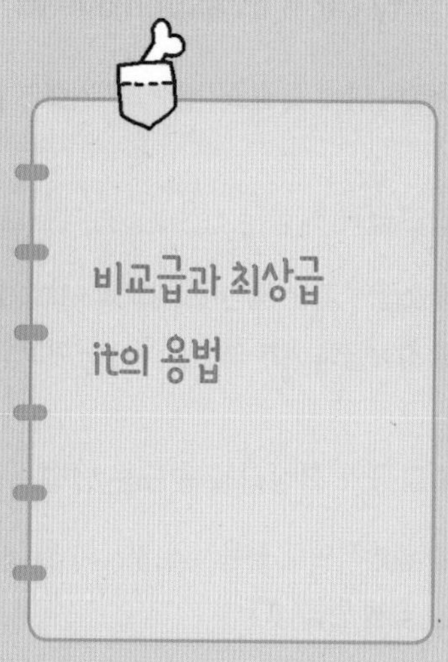

1 동등비교(= 원급비교)

as + 형용사/부사 + as ~

'~만큼 …하다'라는 뜻으로 서로 동등하거나 비슷한 것을 비교하는 것을 동등비교 또는 원급비교라고 합니다. 비교급 -er이나 more 를 쓰지 않고, 형용사와 부사의 원급으로 쓰기 때문입니다. 뒤에 오는 비교 대상은 주격으로 써야 합니다.

He is **as tall as** I.

원래 I am tall.에서 am tall이 생략된 형태이므로 소유격에서 약간 헷갈릴 수 있지만 그것도 원리만 이해하면 간단합니다.

My car is **as expensive as** yours.

주격이 아닌 것 같죠? 왤까요? 원래는 your car니까 yours가 된 거예요.

2 비교급과 최상급

비교급의 기본 패턴은 '비교급+than'으로 '~보다 더'라는 뜻입니다. 그리고 최상급의 기본 패턴은 '가장 ~한'이라는 뜻의 'the+최상급'입니다.

3 비교급과 최상급을 만드는 방법

❶ 일반적으로 형용사와 부사의 원급에 -er, -est를 붙여서 비교급과 최상급을 만듭니다.

tall - taller - tallest　　　fast - faster - fastest

❷ e로 끝나는 형용사와 부사는 e를 빼고 -r, -st만 붙입니다.

cute - cuter - cutest　　large - larger - largest

❸ '단모음+단자음'으로 끝나는 형용사와 부사는 마지막 자음을 하나 더 쓰고 -er, -est를 붙입니다.

thin - thinner - thinnest　　big - bigger - biggest

❹ 자음+y로 끝나는 형용사와 부사는 y를 i로 바꾸고 -er, -est를 붙입니다.

easy - easier - easiest　　pretty - prettier - prettiest

❺ 어미가 -ful, -able, -less, -ous, -ish, -ing, -ly, -ive 등으로 끝나는 2음절 단어와 3음절어 이상의 형용사나 부사는 'more+원급'과 'most+원급'으로 씁니다.

diligent - more diligent - most diligent
important - more important - most important

4 it의 용법

it은 정말 어마어마하게 다양한 용도로 쓰입니다. 물론 it의 기본적인 뜻은 '그것'이지만, 앞에 말한 명사를 대신하는 대명사입니다.

There is a pen on the table. **It** is mine.
식탁 위에 펜이 하나 있어요. 그건 내 거예요. (= the pen)

그렇다고 단순히 한 단어만 대신하지는 않습니다. it은 앞에 나온 긴 내용을 한꺼번에 받아주는 역할도 합니다.

Beauty is everywhere and **it** is a source of joy.
(= Beauty is everywhere)
아름다움은 도처에 있고, 그것은 기쁨의 원천이 된다.

5 비인칭 주어 it

날짜, 요일, 시간, 날씨, 거리, 계절, 명암 등을 나타낼 때는 비인칭 주어 it을 사용합니다. 그럴 땐 아무 뜻도 없기 때문에 '그것'이라고 따로 해석하지 않습니다.

It is spring now. 지금은 봄이에요.

6 가주어 it, 가목적어 it

주어나 목적어가 구나 절이라서 너무 긴 경우에는 it을 형식적인 주어나 목적어로도 사용합니다.

It is not easy to study English.
영어를 공부하는 것은 쉽지 않아요.

I found **it** difficult to solve the problem.
나는 그 문제를 해결하기 어렵다는 것을 알았어요.

...은 ~만큼 ...해요

… as 형용사[부사] as ~. (동등비교/원급비교)

A: Today is as cold as yesterday.

투데이 이즈 애즈 콜드 애즈 예스터데이

오늘도 어제만큼이나 춥네요.

B: I just hope spring comes soon!

아이 저스트 홉 스프링 컴즈 쑨

난 그냥 봄이 빨리 왔으면 좋겠어요!

학습포인트!

원급은 형용사 또는 부사의 기본 형태를 말합니다. 그러므로 동등비교 또는 원급비교란 비교급도 아니고 최상급도 아닌 원급끼리 as ~ as를 통해 비교 표현하는 것입니다. '~만큼 …하다'라는 의미를 갖는데 앞에 쓰인 as는 비교 표현을 한다는 표시 역할을 합니다. 'as ~ as 주어+동사'도 되고, 'as ~ as 목적격'도 되지만 일반적으로 'as ~ as 목적격'을 많이 씁니다.

영어 녹음을 듣고 소리내어 읽어볼까요?

나는 당신만큼 부자예요.

I am as rich as you.

아이 엠 애즈 리취 애즈 유

그는 나만큼 키가 커요.

He is as tall as me.

히 이즈 애즈 톨 애즈 미

나도 당신만큼 오래 잤어요.

I slept as long as you.

아이 슬렙 애즈 롱 애즈 유

그녀는 제인만큼 예뻐요.

She is as pretty as Jane.

쉬 이즈 애즈 프리티 애즈 제인

바닐라는 초콜릿만큼 달아요.

Vanilla is as sweet as chocolate.

바닐라 이즈 애즈 스윗 애즈 초콜릿

파리는 서울만큼 커요.

Paris is as big as Seoul.

패리스 이즈 애즈 빅 애즈 서울

A: 오늘도 어제만큼이나 춥네요. □ □ □

B: 난 그냥 봄이 빨리 왔으면 좋겠어요!

Unit 02 ...은 ~만큼 ...합니까?

… as 형용사[부사] as ~? (동등비교의 의문문)

말해볼까요?

A: Can you run as fast as Jim?

캔 유 런 애즈 패슷 애즈 짐

당신은 짐만큼 빨리 달릴 수 있나요?

B: Yes, I can run as fast as him.

예스, 아이 캔 런 애즈 패슷 애즈 힘

예, 그만큼 빨리 달리 수 있어요.

학습포인트!

동등비교 의문문은 '주어가 ~만큼 …하니?'라는 의미를 갖습니다. 만드는 방법은 앞에서 배운 것처럼 be동사를 사용한 문장에서는 be동사를 앞으로 내보내고, 일반동사를 사용한 문장에서는 do동사를 앞으로 내보내면 됩니다. 물론 be동사든 do동사든 앞으로 내보낼 때는 현제인지 과거인지 미래인지 시제를 맞춰줘야 합니다.

당신은 톰만큼 부자입니까?

Are you as rich as Tom?

알 유 애즈 리취 애즈 탐

그는 나만큼 키가 큰가요?

Is he as tall as me?

이즈 히 애즈 톨 애즈 미

당신도 수잔만큼 오래 잤어요?

Did you sleep as long as Susan?

디쥬 슬립 애즈 롱 애즈 수잔

그녀는 제인만큼 예뻐요?

Is she as pretty as Jane?

이즈 쉬 애즈 프리티 애즈 제인

바닐라는 초콜릿만큼 달아요?

Is vanilla as sweet as chocolate?

이즈 바닐라 애즈 스윗 애즈 초콜릿

파리는 서울만큼 커요?

Is Paris as big as Seoul?

이즈 패리스 애즈 빅 애즈 서울

02 대화 다시듣기

A: 당신은 짐만큼 빨리 달릴 수 있나요? □ □ □

B: 예, 그만큼 빨리 달리 수 있어요.

...은 ~만큼 ...하지 않아요

… not as 형용사[부사] as ~. (동등비교 부정문)

A: Wow! Jack is really tall, isn't he?

와우! 잭 이즈 리얼리 톨, 이즌트 히

와! 잭은 키가 정말 크네요, 그죠?

B: Yes, but he is not as tall as Michael Jordan.

예스, 벗 히 이즈 낫 애즈 톨 애즈 마이클 조던

네, 하지만 그는 마이클 조던만큼 키가 크지 않아요.

학습포인트!

as ~ as 부정문은 '~만큼 …하지 않다, ~만큼 …아니다'라는 의미를 갖습니다. 부정문을 만들 때는 앞에서 배운 동등비교 표현 앞에 not을 붙이기만 하면 됩니다. as ~ as 부정문은 so ~ as로 쓸 수도 있습니다. 즉, not as ~ as도 되고, not so ~ as도 되는 셈입니다.

I'm not as stupid as Tom. – I'm not so stupid as Tom.
(나는 탐만큼 어리석지 않습니다.)

영어 녹음을 듣고 소리내어 읽어볼까요?

나는 당신만큼 부자가 아니에요

I am not as rich as you.

아이 엠 낫 애즈 리취 애즈 유

그는 나만큼 크지 않아요.

He is not as tall as me.

히 이즈 낫 애즈 톨 애즈 미

그녀는 제인만큼 예쁘지 않아요.

She is not as pretty as Jane.

쉬 이즈 낫 애즈 프리티 애즈 제인

바닐라는 초콜릿만큼 달지 않아요.

Vanilla is not as sweet as chocolate.

바닐라 이즈 낫 애즈 스윗 애즈 초콜릿

서울은 뉴욕만큼 크지 않아요.

Seoul is not as big as New York.

서울 이즈 낫 애즈 빅 애즈 뉴욕

나는 그를 당신만큼 사랑하지 않아요.

I don't like him as much as you.

아이 돈ㅌ 라이크 힘 애즈 머취 애즈 유

03 대화 다시듣기

A: 와! 잭은 키가 정말 크네요, 그쵸? □ □ □

B: 네, 하지만 그는 마이클 조던만큼 키가 크지 않아요.

...은 ~만큼 ...하지 않나요?

… not as 형용사[부사] as ~? (동등비교 부정의문문)

A: Isn't she as pretty as Jane?

이즌트 쉬 애즈 프리티 애즈 제인

그녀는 제인만큼 예쁘지 않나요?

B: No, she is not as pretty as Jane.

노, 쉬 이즈 낫 애즈 프리티 애즈 제인

예, 그녀는 제인만큼 예쁘지 않아요.

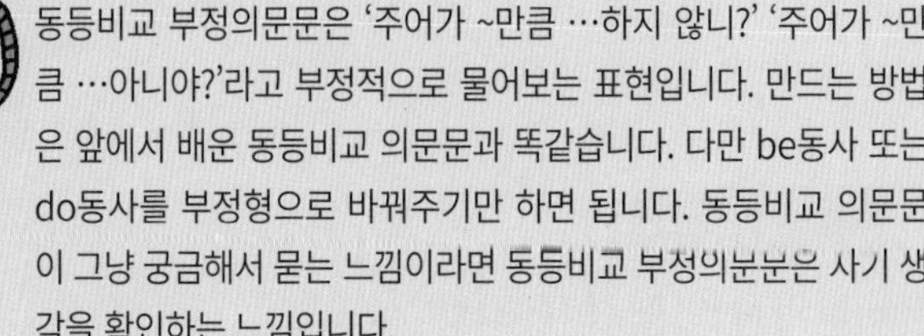

동등비교 부정의문문은 '주어가 ~만큼 …하지 않니?' '주어가 ~만큼 …아니야?'라고 부정적으로 물어보는 표현입니다. 만드는 방법은 앞에서 배운 동등비교 의문문과 똑같습니다. 다만 be동사 또는 do동사를 부정형으로 바꿔주기만 하면 됩니다. 동등비교 의문문이 그냥 궁금해서 묻는 느낌이라면 동등비교 부정의문문은 사기 생각을 확인하는 느낌입니다.

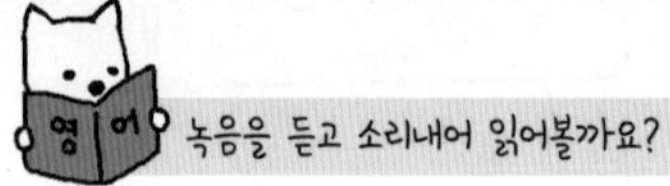

그는 당신만큼 부자가 아닌가요?

Isn't he as rich as you?

이즌트 히 애즈 리취 애즈 유

그는 톰만큼 크지 않나요?

Isn't he as big as Tom?

이즌트 히 애즈 빅 애즈 탐

그녀는 제인만큼 예쁘지 않나요?

Isn't she as pretty as Jane?

이즌트 쉬 애즈 프리티 애즈 제인

바닐라는 초콜릿만큼 달지 않나요?

Isn't vanilla as sweet as chocolate?

이즌트 바닐라 애즈 스윗 애즈 초콜릿

서울은 뉴욕만큼 크지 않나요?

Isn't Seoul as big as New York?

이즌트 서울 애즈 빅 애즈 뉴욕

그는 나를 당신만큼 사랑하지 않나요?

Doesn't he love me as much as you?

더즌트 히 러브 미 애즈 머취 애즈 유

A: 그녀는 제인만큼 예쁘지 않나요?

B: 예, 그녀는 제인만큼 예쁘지 않아요.

...은 ~보다 더 ~해요

… -er than ~. (비교급)

A: **I can run faster than Bolt.**

아이 캔 런 패스터 댄 볼트

나는 볼트보다 더 빨리 달릴 수 있어.

B: **Such a liar.**

써치 어 라이어

뻥치시네.

비교급 형용사(larger, smaller, faster, higher)는 2개의 명사가 비교되는 문장에서 '명사(주어)+동사+비교급 형용사+than+명사(목적어)'의 패턴으로 사용됩니다. 비교급을 만들 때는 대개 1음절 형용사에는 –er을 붙이고, 2음절을 가진 형용사는 -er을 붙이거나 more를 형용사 앞에 둡니다. 그러나 3음절 이상의 형용사는 형용사 앞에 more를 둡니다.

녹음을 듣고 소리내어 읽어볼까요?

나는 당신보다 더 부자예요.

I am richer than you.

아이 엠 리취어 댄 유

그는 나보다 키가 더 커요.

He is taller than me.

히 이즈 톨러 댄 미

나는 당신보다 더 오래 잤어요.

I slept longer than you.

아이 슬렙 롱어 댄 유

그녀는 제인보다 더 예뻐요.

She is prettier than Jane.

쉬 이즈 프리티어 댄 제인

바닐라는 초콜릿보다 더 달아요.

Vanilla is sweeter than chocolate.

바닐라 이즈 스위터 댄 초콜릿

뉴욕은 서울보다 더 커요.

New York is bigger than Seoul.

뉴욕 이즈 비거 댄 서울

A: 나는 볼트보다 더 빨리 달릴 수 있어.

B: 뻥치시네.

...은 ~보다 더 ~해요?

… -er than ~? (비교급 의문문)

A: **Are you taller than Tom?**

알 유 톨러 댄 탐

당신은 탐보다 키가 더 커요?

B: **No, he is taller than me.**

노, 히 이즈 톨러 댄 미

아뇨, 그가 나보다 키가 더 커요.

비교급 의문문은 2개의 명사가 비교되는 문장에서 '주어가 ~보다 더 ~해요?'라고 묻는 표현입니다. be동사 문장에서는 be동사를 앞으로 내보내고, 일반동사 문장에서는 do동사를 앞으로 내보내서 의문문을 만드는 것은 이제 문제없죠? 비교급 의문문에서는 who나 which 등의 의문사를 이용해서 이문문을 만들 수도 있습니다. Who is younger, Tom or Jim? (톰과 짐 중에 누가 더 어리니?)

영어 녹음을 듣고 소리내어 읽어볼까요?

당신은 나보다 더 부자예요?

Are you richer than me?

알 유 리취어 댄 미

그녀는 제인보다 더 예뻐요?

Is she prettier than Jane?

이즈 쉬 프리티어 댄 제인

바닐라는 초콜릿보다 더 달아요?

Is vanilla sweeter than chocolate?

이즈 바닐라 스위터 댄 초콜릿

뉴욕은 서울보다 더 커요?

Is New York bigger than Seoul?

이즈 뉴욕 비거 댄 서울

톰과 짐 중에 누가 더 젊어요?

Who is younger, Tom or Jim?

후 이즈 영어, 탐 오어 짐

달과 지구 중에 어느 것이 더 커요?

Which is bigger, the moon or the earth?

위치 이즈 비거, 더 문 오어 더 얼쓰

06 대화 다시듣기

☐ ☐ ☐

A: 당신은 탐보다 키가 더 커요?

B: 아뇨, 그가 나보다 키가 더 커요.

학습일 / 

...은 가장 ~해요

… the -est ~. (최상급)

말해볼까요?

A: **Do you know Usain Bolt of Jamaica?**

두 유 노우 우사인 볼트 옵 자메이카

자메이카의 우사인 볼트를 아세요?

B: **Sure. He is the fastest man in the world.**

슈어. 히 이즈 더 패스팃스트 맨 인 더 월드

물론이죠. 그는 세상에서 가장 빠른 사람이에요.

학습포인트!

최상급은 셋 이상의 것을 비교할 때 사용합니다. '~중에서 가장 …하다'는 의미를 갖고 있습니다. 주로 '명사(주어)+동사+the+최상급 형용사+명사(목적어)'의 패턴으로 사용됩니다. 최상급을 만들 때는 대개 1음절 형용사에는 -est를 붙이고, 2음절을 가진 형용사는 -est을 붙이거나 most를 형용사 앞에 둡니다. 그러나 3음절 이상의 형용사는 형용사 앞에 most를 둡니다.

나는 우리 반에서 가장 키가 커요.

I am the tallest in my class.

아이 엠 더 톨리스트 인 마이 클래스

그는 정말 사랑스러운 소년이에요.

He is the sweetest boy.

히 이즈 더 스위티스트 보이

그는 세계에서 가장 부유한 사람이에요.

He is the richest man in the world.

히 이즈 더 리취스트 맨 인 더 월드

그 장미는 내 정원에서 가장 예쁜 꽃이에요.

The rose is the prettiest flower in my garden.

더 로즈 이즈 더 프리티스트 플라워 인 마이 가든

가장 짧은 쾌락이 가장 달콤하다.(속담)

The shortest pleasures are the sweetest.

더 쇼티스트 플레줘즈 알 더 스위티스트

그녀는 모든 소녀들 중에서 가장 노래를 잘해요.

She sings best of all the girls.

쉬 싱즈 베스트 옵 올 더 걸즈

A: 자메이카의 우사인 볼트를 아세요?

B: 물론이죠. 그는 세상에서 가장 빠른 사람이에요.

☐ ☐ ☐

...은 가장 ~해요?

… the -est ~. (최상급 의문문)

말해볼까요?

A: **Do you know who the richest person in the world is?**

두 유 노우 후 더 리취스트 퍼슨 인 더 월드 이즈

세상에서 가장 부자인 사람이 누군지 아세요?

B: **Well, I don't know.**

웰, 아이 돈 노우

글쎄요, 잘 모르겠는데요.

학습포인트!

셋 이상의 것을 비교하는 문장에서 '누가 가장 ~한지, 최고가 누군지' 묻는 표현입니다. '~중에서 누가/무엇이 가장 …하니?'라고 묻는 거죠. '중에서'라는 범위는 같은 종류일 경우에는 of, 지역이나 단체인 경우에는 in을 써서 표현해요. be동사, do동사, who나 which 등의 의문사를 이용해서 의문문을 만들 수도 있습니다.

Who do you admire most? (누구를 가장 존경하니?)

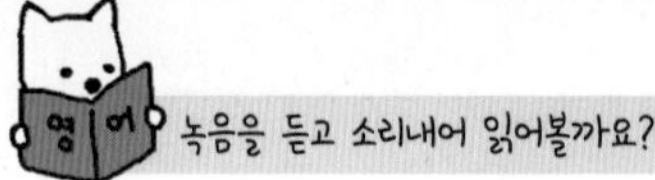

누가 반에서 가장 키가 커요?

Who is the tallest in your class?

후 이즈 더 톨리스트 인 유얼 클래스

세계에서 가장 부유한 사람은 누구예요?

Who is the richest man in the world?

후 이즈 더 리취스트 맨 인 더 월드

그 장미는 당신 정원에서 가장 예쁜 꽃입니까?

Is the rose the prettiest flower in your garden?

이즈 더 로즈 더 프리티스트 플라워 인 유얼 가든

사계절 중 어느 계절이 가장 덥습니까?

Which is the hottest of the four seasons?

위치 이즈 더 핫티스트 옵 더 풔 시즌즈

다섯 명 중에 누가 가장 예뻐요?

Who is the most beautiful girl of the five?

후 이즈 더 모스트 뷰티블 걸 옵 더 파이브

누가 가장 노래를 잘 부르죠?

Who sings the best of all the girls?

후 싱즈 더 베스트 옵 올 더 걸즈

A: 세상에서 가장 부자인 사람이 누군지 아세요? ☐ ☐ ☐

B: 글쎄요, 잘 모르겠는데요.

날씨가 ~해요

It is + 날씨 ~.

A: **It is so cold!**

잇 이즈 쏘 콜드

날씨가 너무 추워요!

B: **Moreover, it is raining.**

모어오버, 잇 이즈 레이닝

게다가 비까지 내리고 있네요.

학습포인트!

대명사 it은 대부분 '그것'이라고 해석하는데 가끔 '그것'이라고 해석하면 어색한 경우가 있습니다. 그런 경우의 it을 비인칭주어 it이라 하고, 보통 날씨, 시간, 거리, 요일, 계절 등을 나타낼 때 씁니다. 우리말에서는 주어를 생략하고 쓰는 경우가 무척 많지만 영어는 어떠한 경우에도 주어를 꼭 써줘야 하기 때문에 마땅한 주어가 없을 때는 비인칭주어 it을 쓴다고 보면 됩니다.

녹음을 듣고 소리내어 읽어볼까요?

날씨가 더워요.

It is hot.

잇 이즈 핫

날이 따뜻해요.

It's warm.

잇츠 웜

아주 춥네요.

It's **very** cold.

잇츠 베리 콜드

날이 습하네요.

It's humid.

잇츠 휴미드

바람 부는 날입니다.

It's a windy day.

잇츠 어 윈디 데이

여기는 어둡네요.

It is dark **here**.

잇 이즈 다크 히얼

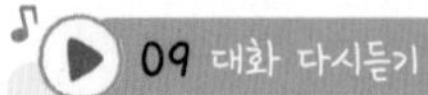

A: 날씨가 너무 추워요!

B: 게다가 비까지 내리고 있네요.

☐ ☐ ☐

학습일 / ☐

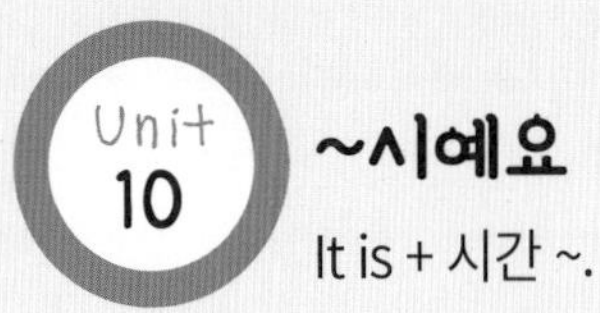

~시예요

It is + 시간 ~.

A: **What time is it now?**

왓 타임 이즈 잇 나우

지금 몇 시예요?

B: **It's 12. Let's go out for lunch.**

잇츠 투웰브. 렛츠 고우 아웃 풔 런치

12시예요. 점심 먹으러 갑시다.

학습포인트!

시간을 묻거나 말할 때도 비인칭주어 it을 씁니다. What time is it now?(지금 몇 시야?)는 말 그대로 지금 시간이 몇 시인지 묻는 것이고, Is it ten o'clock?(지금 10시야?)은 정확히 10시인지, 혹은 10시가 맞는지 확인하는 것입니다. 참고로 거리를 묻거나 말할 때도 비인칭주어 it을 씁니다. How far is it from here? (여기서 얼마나 멀어?) / It's maybe about 3 kilometers. (3킬로미터쯤 될 거야.)

7시예요.

It is 7 o'clock.

잇 이즈 세븐 어클락

1시 10분입니다.

It is one ten.

잇 이즈 원 텐

5시 15분이에요.

It is five fifteen.

잇 이즈 파이브 피프틴

6시 30분이에요.

It is six thirty.

잇 이즈 식스 썰티

9시 40분이에요.

It is nine forty.

잇 이즈 나인 폴티

11시 50분이에요.

It is eleven fifty.

잇 이즈 일레븐 피프티

A: 지금 몇 시에요? □ □ □

B: 12시예요. 점심 먹으러 갑시다.

~요일이에요/~일이에요

It is + 날짜, 요일 ~.

A: What day is it today?

왓 데이 이즈 잇 투데이

오늘 무슨 요일이에요?

B: It's Friday.

잇츠 프라이데이

금요일이에요.

학습포인트!

요일을 묻거나 말할 때도 비인칭주어 it을 씁니다. 물론 날짜를 묻거나 말할 때도 비인칭주어 it을 사용합니다. 요일을 묻는 것과 헷갈리지 않게 어떤 차이가 있는지 잘 살펴보세요.

What day is it today? (오늘 무슨 요일이야?)
— It's Saturday. (토요일이야.)
What date is it today? (오늘 며칠이야?) — It's April 9th.

녹음을 듣고 소리내어 읽어볼까요?

일요일이에요.

It's Sunday.

잇츠 썬데이

월요일이에요.

It's Monday.

잇츠 먼데이

화요일이에요.

It's Tuesday.

잇츠 튜즈데이

수요일이에요.

It's Wednesday.

잇츠 웬즈데이

토요일이에요.

It's Saturday.

잇츠 쎄러데이

9월 1일이에요.

It's the 1st of September.

잇츠 더 풔스트 옵 셉템벌

A: 오늘 무슨 요일이에요? □ □ □

B: 금요일이에요.

...하는 것은 ~이에요
가주어 it

말해볼까요?

A: **It's difficult to learn a foreign language.**

잇츠 디피컬트 투 런 어 풔린 랭귀지

외국어를 배우는 것은 어려워요.

B: **Yes, I agree.**

예스, 아이 어그리

나도 그렇게 생각해요.

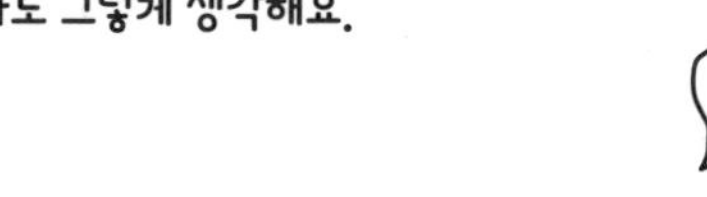

가주어 it은 주어가 너무 길 때 사용합니다. 문장의 주어가 to 부정사구나 that 절일 때는 주어가 너무 길어서 장황한 느낌이 들고 이해하기 어렵기 때문입니다. 앞에 가주어 it을 써주고 진짜 주어를 뒤로 보내면 문장이 간단명료해지는 효과가 있습니다. 가주어 it은 외모, 가능성, 습관 감정, 중요성, 생각, 사실, 실용성, 거리, 시간 등 거의 모든 상황에 쓸 수 있습니다.

영어 녹음을 듣고 소리내어 읽어볼까요?

영어로 말하는 것은 어려워요.
It is difficult to speak English.
잇 이즈 디피컬트 투 스픽 잉글리쉬

누군가를 미워하는 것은 쉬워요.
It is easy to hate someone.
잇 이즈 이지 투 해잇 썸원

수학을 공부하는 것은 중요해요.
It is important to study Math.
잇 이즈 임포턴트 투 스터디 매쓰

당신과 얘기하는 것은 멋졌어요.
It was nice to talk with you.
잇 워즈 나이스 투 톡 윗 유

사람을 이해하는 데는 오랜 시간이 걸려요.
It takes a long time to understand a person.
잇 테익스 어 롱 타임 투 언더스탠드 어 퍼슨

메일을 폴더로 구성하는 것은 쓸모가 있어요.
It's useful to organize your mail into folders.
잇츠 유스플 투 오거나이즈 유얼 메일 인투 폴더스

12 대화 다시듣기

A: 외국어를 배우는 것은 어려워요. □ □ □
B: 나도 그렇게 생각해요.

학습일 / 

Unit 13 ...은 ~을 ~해요

가목적어 it

말해볼까요?

A: I make it a rule to get up by 6.

아이 메이크 잇 어 룰 투 겟 업 바이 식스

나는 6시까지 일어나는 것을 규칙으로 만들었어요.

B: Wow, that's a great idea.

와우, 댓츠 어 그레잇 아이디어

와, 그건 정말 좋은 생각이야.

학습포인트!

가목적어 it은 목적어가 너무 길 때 사용합니다. 목적어가 너무 길면 문장이 부담스러워지니까 문장을 좀 가볍게 정리하기 위해서 목적어 자리에 일단 가목적어 it을 쓰고 진짜 목적어는 문장 뒤로 보내는 것입니다. 기본 원리는 가주어 it을 쓰는 경우와 거의 같아서 특히 목적어가 to 부정사구 또는 that 절일 때 많이 씁니다.

영어 녹음을 듣고 소리내어 읽어볼까요?

나는 영어로 말하는 것이 어렵다고 생각해요.

I think it difficult to speak English.

아이 씽크 잇 디피컬트 투 스픽 잉글리쉬

나는 외교관이 되는 것은 어렵다고 생각해요.

I think it hard to be a diplomat.

아이 씽크 잇 하드 투 비 어 디플러맷

나는 말로 하는 것이 힘들다는 것을 알았어요.

I find it hard to say in words.

아이 파인드 잇 하드 투 세이 인 워즈

나는 그 문제를 푸는 것이 쉽다는 것을 알았어요.

I found it easy to solve the problem.

아이 파운드 잇 이지 투 살브 더 프라블럼

나는 뉴스를 보는 것이 가능하도록 만들었어요.

I made it possible to watch the news.

아이 메이드 잇 파서블 투 워취 더 뉴스

나는 6시까지 일어나는 것을 규칙으로 만들었어요.

I make it a rule to get up by 6.

아이 메이크 잇 어 룰 투 겟 업 바이 식스

A: 나는 6시까지 일어나는 것을 규칙으로 만들었어요.

B: 와, 그건 정말 좋은 생각이야.

내 손에서 만만하게 시작하는 포켓북 영어 첫걸음!

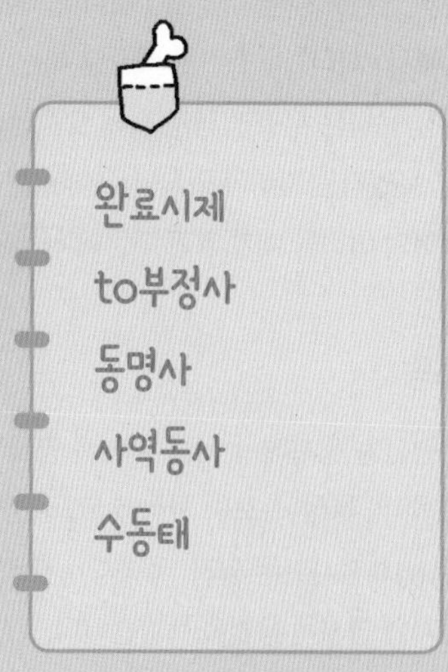

1 to부정사

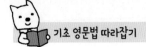

to부정사는 'to+동사원형'의 형태로 명사, 형용사, 부사 역할을 합니다. 용법을 반드시 구분해서 외울 필요는 없지만 이렇게 구분해서 공부하면 이해하기 쉽다는 장점이 있습니다.

to부정사의 명사적 용법은 '~하는 것, ~하기'로 해석되고, 주어, 목적어, 보어의 자리에 옵니다.

to부정사의 형용사적 용법은 to부정사가 명사를 수식하거나 보어로 사용되는 경우로 '~하기 위한, ~할'로 해석합니다.

to부정사의 부사적 용법은 쓰임새에 따라 해석 방법이 다릅니다. ⓐ 목적을 나타낼 때는 '~하기 위해서' ⓑ 원인을 나타낼 때는 '~하다니, ~해서' ⓒ 판단의 근거를 나타낼 때는 '~하다니, ~하는 것을 보니' ⓓ 결과를 나타낼 때는 '~해서 ~하다' ⓔ 조건을 나타낼 때는 '만약 ~라면' 등으로 해석합니다. 형용사적 용법은 무조건 명사 뒤에 오지만 부사적 용법은 다양하게 위치를 움직일 수 있다는 차이가 있지만 그래도 형용사적 용법과 부사적 용법은 서로 구별하기 어려울 때가 많기 때문에 해석으로 구분하는 수밖에 없습니다.

2 동명사

동명사는 동사에 -ing를 붙여서 명사의 역할을 하는 준동사입니다. 명사처럼 주어, 목적어, 보어 자리에 오고 전치사 뒤에도 옵니다. 온갖 역할을 다하는 to부정사와는 달리, 동명사는 오직 명사 역할만 합니다. 쓰임새도 to부정사의 명사적 용법과 똑같습니다.

3 완료시제

완료시제에는 현재완료, 과거완료, 미래완료가 있는데, 모든 완료시제는 계속, 경험, 완료, 결과의 네 가지 용법이 있습니다. 기본적으로 have/has+p.p. 형태를 갖고 있는데, 과거완료는 have/has를 had로 바꾸면 되고 미래완료는 have/has를 will have로 바꾸면 됩니다.

❶ 현재완료형 - 계속

과거에 시작된 일이 현재까지 지속되고 있거나 끝났다는 것을 나타내고 싶을 때 사용합니다.

❷ 현재완료형 - 경험

과거에 어떤 일을 한 적이 있다거나 어떤 곳에 가본 적이 있다는 등의 경험을 나타내는 표현입니다.

❸ 현재완료형 - 완료

현재를 기준으로 과거부터 지금까지 해왔던 어떤 행동이 지금 완료되었다는 것을 나타낼 때 사용하는 형태로, 완료형 가운데에서도 가장 활용도가 높습니다.

❹ 현재완료형 - 결과

과거에 한 어떤 행동이 현재에까지 영향을 미치고 있다는 것을 나타내는 표현입니다.

4 사역동사

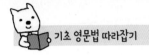

사역동사의 종류는 make, have, let 등이 있는데, 사역동사의 가장 큰 특징은 목적격 보어로 동사원형을 쓴다는 것과 현재분사를 뒤에 쓸 수 없다는 것입니다. make는 '~하게 만들다'라고 해석하며 상대에게 무언가를 강제로 시키는 뉘앙스가 있습니다. 그리고 have는 '~하게 하다'라고 해석하며 부탁하는 뉘앙스가 있으며, let는 '~하게 하다'라고 해석하며 허가하는 뉘앙스가 있습니다.

5 지각동사

지각동사는 인간의 오감(청각, 시각, 후각, 촉각, 미각)을 나타내는 단어들을 말합니다. 예를 들면 look at, hear, see, smell, watch, feel, listen to 등이 있는데, 사역동사와 마찬가지로 지각동사 뒤에도 동사원형이 쓰입니다. 사실은 사역동사와 지각동사 뒤에 쓰이는 동사원형은 동사원형 앞에 to가 생략된 원형부정사인 셈입니다.

6 수동태

주어가 자발적으로 움직이는 것을 능동태라고 한다면, 수동태는 주어가 어떤 동작의 대상이 되어 움직여지는 것을 말합니다. 보통 be+p.p.으로 나타내며, 능동태를 수동태로 바꾸는 방법은 우선 목적어를 주어 자리로 옮기고, 동사를 be+p.p.로 바꿉니다. 마지막으로 주어를 끝으로 보내서 'by+행위자' 형태로 만들어주는데 행위자가 뻔한 경우에는 생략해도 됩니다.

~하는 것

to+동사원형 (to부정사의 명사적 용법)

A: Do you like to study English?

두 유 라익 투 스터디 잉글리쉬

당신은 영어 공부하는 것을 좋아해요?

B: Yes, I like it very much.

예스, 아이 라이크 잇 베리 머취

예, 무척 좋아해요.

학습포인트!

to부정사의 용법은 크게 3가지로 부사적 용법, 형용사적 용법, 명사적 용법이 있습니다. 명사적 용법은 '~하는 것'이라는 의미로 쓰이고 주어, 목적어, 보어 역할을 합니다. 하지만 문장 내에서 to부정사는 늘 정확하게 용법이 구별되는 것은 아니고, 이 용법이라 해도 되고 저 용법이라 해도 되는 경우도 꽤 많아서 실생활에서는 굳이 무슨 용법인지 구별할 필요는 없습니다.

녹음을 듣고 소리내어 읽어볼까요?

수영하는 것은 쉬워요.

To swim is easy.

투 스윔 이즈 이지

나는 영어 공부하는 것을 좋아해요.

I like to study english.

아이 라익 투 스터디 잉글리쉬

거짓말을 하는 것은 좋지 않아요.

To tell a lie is not good.

투 텔 어 라이 이즈 낫 굿

그들은 쉬고 싶어 해요.

They want to take a rest.

데이 원투 테이크 어 레슷

보는 것이 믿는 것이다.

To see is to believe.

투 씨 이즈 투 빌리브

이해하는 것은 자유로워지는 것이다.

To understand is to be free.

투 언더스탠드 이즈 투 비 프리

A: 당신은 영어 공부하는 것을 좋아해요? 

B: 예, 무척 좋아해요.

~하기 위한

to+동사원형 (to부정사의 형용사적 용법)

A: I don't know how to do this alone.

아이 돈ㅌ 노우 하우 투 두 디스 어론

이걸 혼자서 어떻게 해야 할지 모르겠어요.

B: Don't worry. There are many friends to help you.

돈ㅌ 워리. 데얼 알 메니 프렌즈 투 핼프 유

걱정 마. 너를 도와줄 친구들이 많이 있어.

학습포인트!

to 부정사는 정말 다양한 문장 구조에서 사용되기 때문에 아주 중요합니다. 기본 개념부터 용법까지 잘 익혀둬야 하고 예문도 많이 봐둬야 합니다. to 부정사가 형용사적 용법으로 쓰일 때는 '~할'이라는 의미를 갖고 앞에 있는 명사를 꾸며주는 역할을 합니다. I have no time to sleep these day.(요즘은 잘 시간도 없어)에서 to sleep이 time을 꾸며서 잠 잘 시간이 되었죠?

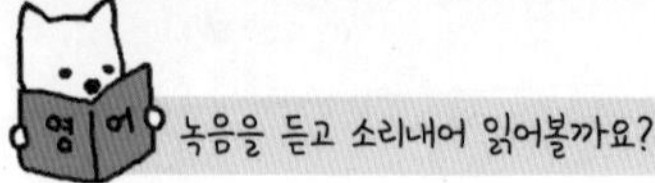

나는 믿을 친구가 필요해요.

I need a friend to trust.

아이 니드 어 프랜드 투 트러스트

당신에게 말할 게 있어요.

I have something to tell you.

아이 햅 썸씽 투 텔 유

우리는 그걸 살 돈이 없어요.

We don't have money to buy it.

위 돈ㅌ 햅 머니 투 바이 잇

그들은 먹을 것이 필요해요.

They need something to eat.

데이 니드 썸씽 투 잇

나는 할 일이 많아요.

I have many things to do.

아이 햅 매니 씽즈 투 두

그녀는 의지할 친구가 없어요.

She has no friend to rely on.

쉬 해즈 노 프랜드 투 릴라이 온

02 대화 다시듣기

A: 이걸 혼자서 어떻게 해야 할지 모르겠어요. 

B: 걱정 마. 너를 도와줄 친구들이 많이 있어.

~하기 위해/~해서

to+동사원형 (to부정사의 부사적 용법)

A: **Hi, Jack. I'm happy to see you again.**

하이, 잭. 아임 해피 투 씨 유 어게인

안녕, 잭. 다시 만나서 반가워.

B: **Same here, Jane. How are you?**

세임 히얼, 제인. 하우 알 유

나도 그래, 제인. 어떻게 지내?

학습포인트!

to부정사의 부사적 용법은 크게 5가지 의미가 있습니다. ① 목적 '~하기 위하여'라는 의미로 동사 수식 ② 원인 '~해서 ~하다'는 의미로 형용사나 동사 수식 ③ 이유나 판단의 근거 '~하는 것을 보니, ~하다니'라는 의미로 형용사, 부사, 동사 수식 ④ 결과 '~했다, ~해 버렸다'는 의미로 동사 수식 ⑤ 조건이나 가정 '~한다면'의 의미로도 쓰이지만 더 분명한 if가 주로 쓰입니다.

영어 녹음을 듣고 소리내어 읽어볼까요?

당신을 만나서 행복해요.

I'm happy to meet you.

아임 해피 투 밋츄

나는 돈을 벌기 위해 열심히 일해요.

I worked hard to earn money.

아이 웍트 하드 투 언 머니

그 소식을 듣고 그녀는 슬펐어요.

She felt sad to hear the news.

쉬 펠트 새드 투 히얼 더 뉴스

그는 자라서 피아니스트가 되었어요.

He grew up to be a pianist.

히 그루 업 투 비 어 피애니스트

그들은 과일을 좀 사려고 시장에 갔어요.

They went to the market to buy some fruits.

데이 웬투 더 마켓 투 바이 썸 푸루츠

이 책은 이해하기 쉬워요.

This book is easy to understand.

디스 북 이즈 이지 투 언더스탠드

03 대화 다시듣기

A: 안녕, 잭. 다시 만나서 반가워. ☐ ☐ ☐

B: 나도 그래, 제인. 어떻게 지내?

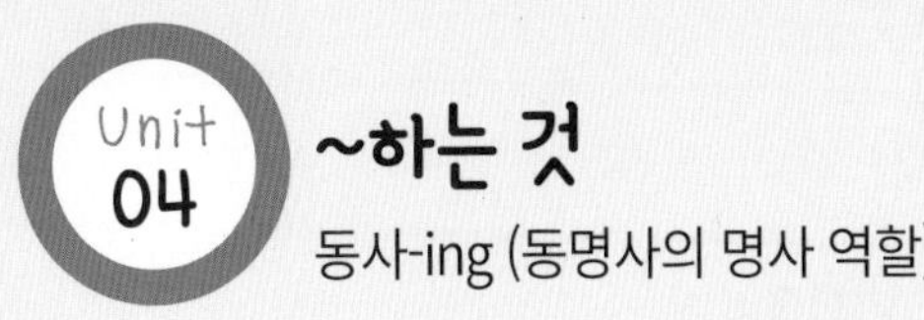

~하는 것

동사-ing (동명사의 명사 역할)

A: **I love reading books with my children.**

아이 러브 리딩 북스 위드 마이 췰드런

난 아이들과 함께 책 읽는 것을 참 좋아해요.

B: **Great! Reading books is very important for children.**

그레잇! 리딩 북스 이즈 베리 임폴턴트 풔 췰드런

훌륭해요! 책을 읽는 것은 아이들에게 아주 중요해요.

학습포인트!

동명사는 동사의 원형에 -ing를 붙인 형태로 '~하는 것'이라는 의미를 갖습니다. 동명사는 문장 안에서 주어, 목적어, 보어로 쓰이는데 주어와 보어로 쓰인 동명사는 명사적 용법의 to부정사로 대신할 수 있습니다. Seeing is believing.(보는 것이 믿는 것이다) ⇒ To see is to believe. 또한, 동명사는 동사의 성질도 갖고 있어서 그 자체의 보어, 목적어, 수식어를 취할 수 있습니다.

녹음을 듣고 소리내어 읽어볼까요?

보는 것이 믿는 것이다.

Seeing is believing.

씨잉 이즈 빌리빙

건강을 지키는 것은 중요하다.

Keeping healthy is important.

킵핑 핼시 이즈 임폴턴트

나는 테니스 하는 것을 좋아해요.

I like playing tennis.

아이 라익 플래잉 테니스

그녀는 드라마 보는 것을 무척 좋아해요.

She loves watching dramas.

쉬 러브즈 워칭 드라마즈

책을 읽는 것은 중요해요.

Reading books is important.

리딩 북스 이즈 임폴턴트

시도하는 것은 해가 되지 않아요.(= 밑져야 본전이다)

Trying wouldn't hurt.

트라잉 우든트 헐트

A: 난 아이들과 함께 책 읽는 것을 참 좋아해요. ☐ ☐ ☐

B: 훌륭해요! 책을 읽는 것은 아이들에게 아주 중요해요.

...은 줄곧 ~하고 있어요

have[has] + p.p (현재완료_계속)

말해볼까요?

A: Jane, what are you doing?

제인, 워라유 두잉

제인, 뭐하고 있니?

B: I have been doing my report for 3 hours.

아이 햅 빈 두잉 마이 리포트 풔 쓰리 아워즈

3시간째 계속 숙제 중이에요.

학습포인트!

현재완료의 계속을 나타내는 용법은 '~해 오고 있다'라는 의미로 과거의 행동이나 상태가 현재까지 계속되고 있고 어쩌면 현재를 넘어 미래에도 계속될 것 같은 느낌이 드는 표현입니다. for, since 등과 함께 자주 쓰입니다. 현재완료 계속은 횟수로 반복되는 반복 계속과 끊임없이 이어지는 진행 계속으로 나눌 수 있는데 그건 문장의 맥락을 보고 파악해야 합니다.

영 어 녹음을 듣고 소리내어 읽어볼까요?

나는 (줄곧) 아팠어요.

I have been ill.

아이 햅 빈 일

최근에는 아주 추웠어요.

It has been very cold lately.

잇 해즈 빈 베리 콜드 래이틀리

그 이후로 나는 줄곧 여기서 살았어요.

I have lived here ever since.

아이 햅 리브드 히얼 에버 신스

나는 10년 동안 영어를 공부해 왔어요.

I have studied English for ten years.

아이 햅 스터디드 잉글리쉬 풔 텐 이얼스

우리는 3년 동안 죽 친구로 지내오고 있어요.

We have been friends for three years.

위 햅 빈 프랜즈 풔 쓰리 이얼스

나는 그가 어린아이일 때부터 알고 지냈어요.

I have known him since he was a child.

아이 햅 노운 힘 신스 히 워즈 어 촤일드

A: 제인, 뭐하고 있니? □ □ □

B: 3시간째 계속 숙제 중이에요.

학습일 / 

...은 (지금까지) ~한 적이 있어요

have[has] + p.p (현재완료_경험)

A: She was very kind and beautiful, wasn't she?

쉬 워즈 베리 카인드 앤 뷰터풀, 워즌트 히

그녀는 정말 아름답고 친절했어, 안 그래요?

B: Yes, since that day, I have never forgotten her smile.

예스, 신스 댓 데이, 아이 햅 네버 포가튼 헐 스마일

응, 그날 이후로 난 그녀의 미소를 한시도 잊은 적이 없어요.

학습포인트!

현재완료의 경험을 나타내는 용법은 '~한 적이 있다/없다'는 의미로 과거의 경험을 말할 때 쓰는 표현입니다. 한 번이건 여러 번이건 과거에 이미 겪은 일은 사라지지 않는다는 의미에서 경험은 늘 현재와 연결되어 있습니다. 그래서 현재완료 경험에는 흔히 ever, never, once, before 등이 함께 쓰입니다.

I have met him once. (그를 한 번 만난 적이 있어.)

영어 녹음을 듣고 소리내어 읽어볼까요?

나는 그를 한 번 만난 적이 있어요.

I have met him once.

아이 햅 멧 힘 원스

그들은 유럽에 간 적이 있어요.

They have been to Europe.

데이 햅 빈 투 유럽

우리는 전에 그를 만난 적이 없어요.

We haven't met him before.

위 해븐트 멧 힘 비풔

나는 그녀의 미소를 잊은 적이 없어요.

I have never forgotten her smile.

아이 햅 네버 풔가튼 헐 스마일

기린을 본 적이 있으세요?

Have you ever seen a giraffe?

해뷰 에버 씬 어 저래프

대부분의 사람들은 이러한 법에 대해 전혀 들어본 적이 없어요.

Most people have never heard of these laws.

모스트 피플 햅 네버 허드 옵 디즈 러즈

A: 그녀는 정말 아름답고 친절했어, 안 그래요? ☐ ☐ ☐

B: 응, 그날 이후로 난 그녀의 미소를 한시도 잊은 적이 없어요.

...은 ~했어요

have[has] + p.p (현재완료_완료)

A: **Are you hungry?**

알 유 헝그리

배고프니?

B: **No, I've just had lunch.**

노, 아이브 저슷 해드 런치

아니, 금방 점심 먹었어.

학습포인트!

현재완료의 완료를 나타내는 용법은 '막 ~했다'는 의미로 현재를 기준으로 과거부터 해왔던 행동이 지금 막 완료되었거나 얼마 지나지 않은 따끈따끈한 소식을 전할 때 많이 쓰는 용법입니다. 주로 just, already, yet 등과 함께 쓰여 지금 당장의 생생한 현장감을 느끼게 해주는 표현이라 활용도가 아주 높습니다.

He has just arrived home. (그는 지금 막 집에 도착했다.)

영어 녹음을 듣고 소리내어 읽어볼까요?

방금 그녀를 만났어요.

I have just met her.

아이 햽 저슷 멧 헐

그는 지금 막 집에 도착했어요.

He has just arrived home.

히 해즈 저슷 어라이브드 홈

그녀는 방금 숙제를 끝냈어요.

She has just finished her homework.

쉬 해즈 저슷 피니시트 헐 홈웍

그들은 이미 모든 음식을 다 먹었어요.

They have already eaten all the food.

데이 햽 얼레디 잇튼 올 더 푸드

나는 아직 그 책을 읽지 못했어요.

I haven't read the book yet.

아이 해븐트 레드 더 북 옛

신문을 다 읽으셨어요?

Have you finished with the paper yet?

해뷰 피니쉬트 윗 더 페이퍼 옛

A: 배고프니?

B: 아니, 금방 점심 먹었어.

☐ ☐ ☐

...은 ~했어요

have[has] + p.p (현재완료_결과)

말해볼까요?

A: I haven't seen Jane in a while. Where did she go?

아이 해븐트 씬 제인 인 어 와일. 웨얼 디드 쉬 고우

제인이 한동안 통 안 보이네요. 어디 갔어요?

B: She has gone to Europe.

쉬 해즈 고운 투 유럽

유럽에 갔어요.

학습포인트!

'~해버렸다'는 의미로 과거에 한 어떤 행동이 원인이 되어 그 결과가 현재에 나타나거나 영향을 미치고 있다는 표현입니다. He has lost the wallet.(그는 지갑을 잃어버렸다)이라고 하면 지갑을 과기에 잃어버린 것이 원인이 되어 지금 현재 지갑을 잃어버린 상황에 있다는 것을 말합니다. 결과 부사는 따로 없고 다른 용법과 헷갈릴 때가 많아서 문맥으로 파악해야 합니다.

녹음을 듣고 소리내어 읽어볼까요?

지갑을 잃어버렸어요.

I have lost my wallet.

아이 햅 로슷 마이 월릿

그녀는 유럽에 갔어요.

She has gone to Europe.

쉬 해즈 고운 투 유럽

봄이 왔어요.

Spring has come.

스프링 해즈 컴

많이 컸구나!

You have grown up!

유 햅 그로운 업

누군가가 창문을 깨뜨렸어요.

Someone has broken the window.

썸원 해즈 브로큰 더 윈도우

나는 숙제를 이메일로 제출했어요.

I have sent my report by e-mail.

아이 햅 센트 마이 리폿 바이 이메일

A: 제인이 한동안 통 안 보이네요. 어디 갔어요? □ □ □

B: 유럽에 갔어요.

학습일 / 

...은 ~하고 있어요

have[has] + been + -ing (현재완료 진행)

말해볼까요?

A: Where have you been? I've been looking for you for the last half hour.

웨얼 해뷰 빈? 아이브 빈 룩킹 풔 유 풔 더 라스트 하프 아워

어디 갔었니? 지난 30분 동안 계속 찾고 있었어.

B: What's the matter?

왓츠 더 매더

무슨 일 있어?

학습포인트!

현재완료 진행형은 말 그대로 현재완료와 진행형이 합쳐진 것으로 과거에 시작한 행위가 현재에도 계속되는 것을 나타냅니다. 계속의 의미를 갖기 때문에 for, since와 함께 사용되고 현재완료보다 현재까지의 계속성이 더 강합니다. 단, 상태동사(believe, know, love, like)와 지각동사(feel, hear, see)는 현제 그 일이 일어나고 있다 해도 진행형으로 쓸 수 없습니다.

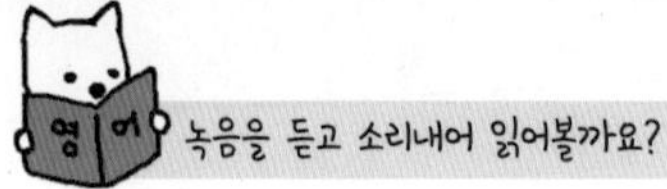

3일 동안 계속 비가 내리고 있어요.

It has been raining for three days.

잇 해즈 빈 레이닝 풔 쓰리 데이즈

나는 10년 동안 영어를 공부하고 있어요.

I have been studying English for 10 years.

아이 햅 빈 스터딩 잉글리쉬 풔 텐 이얼스

톰은 하루 종일 텔레비전을 보고 있어요.

Tom has been watching TV all day.

탐 해즈 빈 워칭 티비 올 데이

우리는 한 시간 동안 기다리고 있어요.

We've been waiting for an hour.

위브 빈 웨이팅 풔 언 아워

그녀는 지난해부터 여기에서 일하고 있어요.

She has been working here since last year.

쉬 해즈 빈 워킹 히얼 신스 라스트 이얼

영어 공부한 지 얼마나 되셨어요?

How long have you been studying English?

하우 롱 해뷰 빈 스터딩 잉글리쉬

09 대화 다시듣기

A: 어디 갔었니? 지난 30분 동안 계속 찾고 있었어. □ □ □

B: 무슨 일 있어?

~했었어요/~였었어요

had + 과거분사 (과거완료)

A: Why were you absent from the meeting?

와이 워ㄹ 유 앱센트 프럼 더 미팅

왜 회의에 나오지 않았어요?

B: I had injured my leg yesterday.

아이 해드 인 저드 마이 레그 예스터데이

어제 다리를 다쳤었어요.

학습포인트!

과거완료는 문법적인 개념, 활용, 기능이 모두 현재완료와 같고 단지 시간대만 과거로 이동한 것이므로 앞에서 배운 현재완료를 이해했다면 과거완료는 아주 쉽습니다. 과거완료는 대부분 두 개의 문장을 접속사 before, when, by the time, 부사 already 등으로 연결해서 표현합니다. 비교할 수 있는 과거의 기준점이 필요하기 때문입니다.

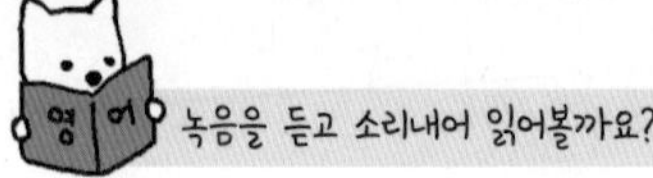

지갑을 잃어버려서 돈이 없었어요.

I had no money, I had lost my wallet.

아이 해드 노 머니, 아이 해드 로슷 마이 월릿

그가 돌아왔을 때 그들은 이미 떠나고 없었어요.

When he returned, they had already gone.

웬 히 리턴드, 데이 해드 얼레디 고운

우리는 이렇게 큰 도시에 와본 적이 없었어요.

We had never been to this big city before.

위 해드 네버 빈 투 디스 빅 시티 비풔

나는 그를 기다리고 있었어요.

I had waited for him.

아이 해드 웨잇티드 풔 힘

그는 다리를 다쳤었어요.

He had injured his leg.

히 해드 인쥬어드 히즈 레그

그녀는 머리스타일을 바꿨었어요.

She had changed her hair styles.

쉬 해드 췌인지드 헐 헤어 스타일즈

A: 왜 회의에 나오지 않았어요?

B: 어제 다리를 다쳤었어요.

☐ ☐ ☐

~일 거예요/~했을 거예요

will have[has] + 과거분사 (미래완료)

A: When do you think you'll have it finished?

웬 두 유 씽크 유일 햅 잇 피니쉬트

그걸 언제 끝낼 수 있을 것 같아요?

B: I will have it finished by this Friday.

아이 일 햅 잇 피니쉬트 바이 디스 프라이데이

돌아오는 이번 주 금요일까지는 끝낼 거예요.

학습포인트!

미래완료 역시 문법적인 개념, 활용, 기능이 모두 현재완료와 같고 단지 시간대만 미래로 이동한 것입니다. 미래의 특정한 시점을 기준으로 그 이전에 발생한 일이 완료되거나 영향을 미칠 때 사용합니다. 그러므로 현재완료에 대한 개념만 분명히 알고 과거완료는 기준점이 과거이고 미래완료는 기준점이 미래라는 것만 알면 됩니다.

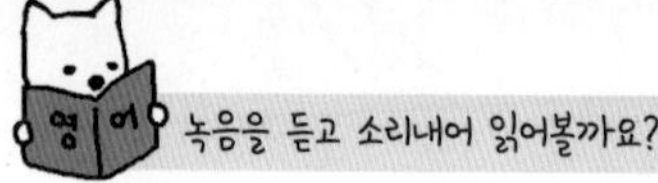

녹음을 듣고 소리내어 읽어볼까요?

내년에 나는 여기서 일한 지 2년이 돼요.

Next year I will have worked here for two years.

넥스트 이얼 아이 윌 햅 웍트 히얼 풔 투 이얼스

다음 달에 우리는 결혼한 지 3년이 돼요.

Next month we will have been married for three years.

넥스트 먼스 위 윌 햅 빈 매리드 풔 쓰리 이얼스

그 때까지는 그가 가고 없을 거예요.

He will have gone by that time.

히 윌 햅 고운 바이 댓 타임

돌아오는 이번 주 금요일까지는 그 일을 끝낼 거예요.

I will have finished by this Friday.

아 윌 햅 피니쉬트 바이 디스 프라이데이

우리가 거기에 도착하면 영화는 벌써 시작했을 거예요.

The movie will already have started when we go there.

더 무비 윌 얼레디 햅 스타티드 웬 위 고우 데얼

나는 오늘부터 3일 후에는 이미 등록을 끝낼 거예요.

I will have registered after three days from now.

아윌 햅 레지스터드 애프터 쓰리 데이즈 프럼 나우

11 대화 다시듣기

A: 그걸 언제 끝낼 수 있을 것 같아요?

B: 돌아오는 이번 주 금요일까지는 끝낼 거예요.

...은 ~에게 ~하게 했어요

사역동사 make, let, have + 동사원형

A: Please don't leave me alone.

플리즈 돈ㅌ 리브 미 어론

제발 나 혼자 두고 가지 마!

B: Please let me go.

플리즈 렛 미 고우

제발 가게 해줘.

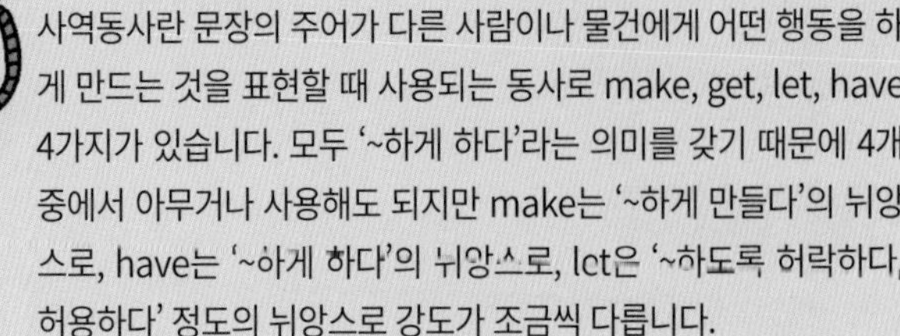

사역동사란 문장의 주어가 다른 사람이나 물건에게 어떤 행동을 하게 만드는 것을 표현할 때 사용되는 동사로 make, get, let, have 4가지가 있습니다. 모두 '~하게 하다'라는 의미를 갖기 때문에 4개 중에서 아무거나 사용해도 되지만 make는 '~하게 만들다'의 뉘앙스로, have는 '~하게 하다'의 뉘앙스로, let은 '~하도록 허락하다, 허용하다' 정도의 뉘앙스로 강도가 조금씩 다릅니다.

녹음을 듣고 소리내어 읽어볼까요?

나는 그에게 방을 청소하게 했어요.

I made him clean the room.

아이 메이드 힘 클린 더 룸

나는 그가 방을 청소하게 했어요.

I have him clean the room.

아이 햅 힘 클린 더 룸

나는 그가 방을 청소하게 (허락)했어요.

I let him clean the room.

아이 렛 힘 클린 더 룸

그녀는 그에게 컴퓨터를 고치게 만들었어요.

She made him repair her computer.

쉬 메이드 힘 리페어 헐 컴퓨터

그녀는 그에게 컴퓨터를 고치게 했어요.

She had him repair her computer.

쉬 해드 힘 리페어 헐 컴퓨터

그는 아이들에게 TV를 보게 (허락)했어요.

He let his children watch TV.

히 렛 이즈 췰드런 워치 티비

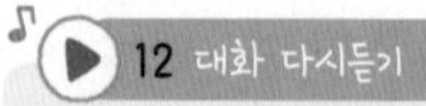

A: 제발 나 혼자 두고 가지 마!

B: 제발 가게 해줘.

...은 ~를 보았어요[들었어요/느꼈어요 등]

지각동사 + 동사원형

A: **Did you hear him sing a song?**

디쥬 히얼 힘 씽 어 쏭

그가 노래 부르는 것을 들었어요?

B: **No, I didn't hear it.**

노, 아이 디든트 히얼 잇

아뇨, 못 들었어요.

학습포인트!

인간의 오감을 나타내는 지각동사는 hear, see, smell, watch, feel 등이 있습니다. 지각동사는 주로 '주어+지각동사+목적어+목적보어'의 형태로 쓰이며, 목적보어는 목적어에 따라 달라집니다. ① 목적어와 목적보어의 관계가 의미상 능동이면 동사원형 ② 목적어가 '~하고 있는' 진행의 의미이면 현재분사 ③ 목적어와 목적보어의 관계가 의미상 수동이면 과거분사가 옵니다.

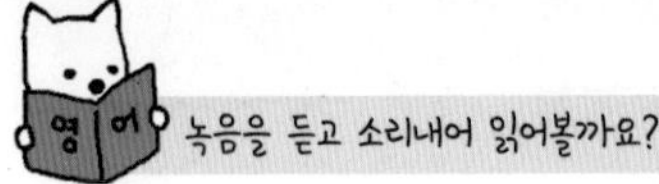

나는 그들이 수영장에서 헤엄치는 것을 봤어요.

I saw them swim in the pool.

아이 쏘우 뎀 스윔 인 더 풀

넌 그가 노래 부르는 것을 들었니?

Did you hear him sing a song?

디쥬 히얼 씽 어 쏭

나는 누군가 나를 따라오는 것을 느꼈어요.

I felt someone follow me.

아이 펠트 썸원 팔로우 미

넌 양들이 먹고 잠자는 것을 지켜보아야 해.

You must watch the sheep sleep and eat.

유 머스트 워치 더 쉽 슬립 앤 잇ㅌ

너는 집이 지금 막 흔들린 것을 느꼈니?

Did you feel the house shake just now?

디쥬 필 더 하우스 쉐익 저스트 나우

나는 멀리서 누군가가 소리치는 것을 들었어요.

I heard someone shout in the distance.

아이 허ㄹ드 썸원 샤웃 인 더 디스턴스

A: 그가 노래 부르는 것을 들었어요? □ □ □

B: 아뇨, 못 들었어요.

...은 ~에 의해서 ~되었어요

주어 + be동사 + 과거분사 + by ~. (수동태 긍정문)

말해볼까요?

A: **Jane is a lovely kid, isn't she?**

제인 이즈 어 러블리 키드, 이즌트 쉬

제인은 사랑스러운 아이에요, 그쵸?

B: **Yes, she is. She was brought up by their grandmother.**

예스, 쉬 이즈. 쉬 워즈 브로웃 업

바이 데어 그랜드마더

네, 그래요. 할머니가 그 애를 길렀어요.

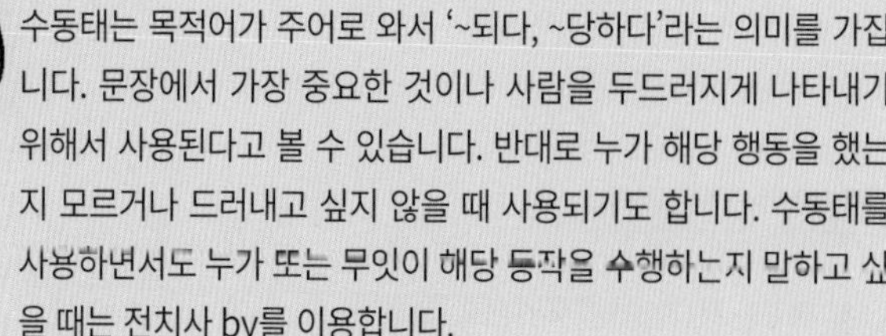

수동태는 목적어가 주어로 와서 '~되다, ~당하다'라는 의미를 가집니다. 문장에서 가장 중요한 것이나 사람을 두드러지게 나타내기 위해서 사용된다고 볼 수 있습니다. 반대로 누가 해당 행동을 했는지 모르거나 드러내고 싶지 않을 때 사용되기도 합니다. 수동태를 사용하면서도 누가 또는 무엇이 해당 동작을 수행하는지 말하고 싶을 때는 전치사 by를 이용합니다.

녹음을 듣고 소리내어 읽어볼까요?

그 케이크는 나에 의해 만들어졌어요(내가 만들었어요).

The cake is made by **me.**

더 케익 이즈 메이드 바이 미

선물이 그에 의해 주어졌어요(그가 선물을 주었어요).

A gift is given by **him.**

어 깁트 이즈 기븐 바이 힘

이 집은 1930년에 지어졌어요.

This house was built in **1930.**

디스 하우스 워즈 빌트 인 나인틴 써리

나는 시카고에서 태어났어요.

I was born in **Chicago.**

아이 워즈 본 인 시카고우

고양이가 강아지한테 쫓겨다녀요.

A cat is chased by **a dog.**

어 캣 이즈 쉐이스트 바이 어 독

그 팩스는 톰에 의해서 보내졌어요(그 팩스는 톰이 보냈어요).

The fax is sent by **Tom.**

더 팩스 이즈 센트 바이 탐

A: 제인은 사랑스러운 아이에요, 그죠?

B: 네, 그래요. 할머니가 그 애를 길렀어요.

...은 ~에 의해서 ~되지 않아요

주어 + be동사 + not + 과거분사 + by ~. (수동태 부정문)

A: This cake tastes delicious. Did you make it?

디스 케익 테이스츠 딜리셔스. 디쥬 메이크 잇

이 케이크 정말 맛있네요. 당신이 만들었어요?

B: No, It is not made by me.

노, 잇 이즈 낫 메이드 바이 미

아뇨, 그건 내가 만든 게 아니에요.

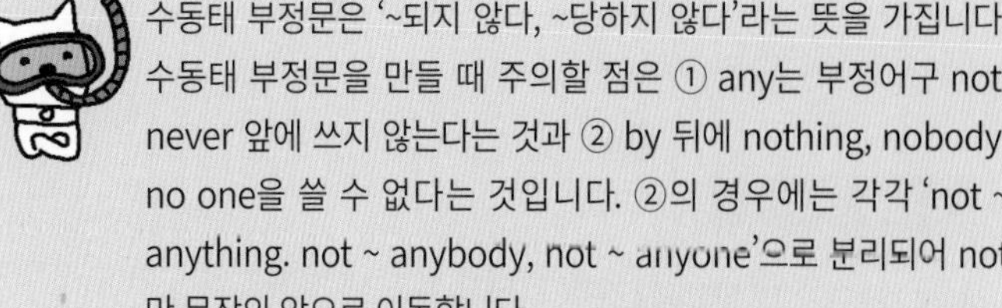

수동태 부정문은 '~되지 않다, ~당하지 않다'라는 뜻을 가집니다. 수동태 부정문을 만들 때 주의할 점은 ① any는 부정어구 not, never 앞에 쓰지 않는다는 것과 ② by 뒤에 nothing, nobody, no one을 쓸 수 없다는 것입니다. ②의 경우에는 각각 'not ~ anything. not ~ anybody, not ~ anyone'으로 분리되어 not만 문장의 앞으로 이동합니다.

영어 녹음을 듣고 소리내어 읽어볼까요?

그 케이크는 나에 의해 만들어진(내가 만든) 게 아니에요.

The cake is not made by **me.**

더 케익 이즈 낫 메이드 바이 미

선물이 그에 의해 주어진(그가 준) 게 아니에요.

A gift is not given by **him.**

어 깁트 이즈 낫 기븐 바이 힘

이 집은 1930년에 지어지지 않았어요.

This house was not built in **1930.**

디스 하우스 워즈 낫 빌트 인 나인틴 써리

개는 고양이한테 쫓기지 않아요.

A dog is not chased by **a cat.**

어 독 이즈 낫 췌이스트 바이 어 캣

그 팩스는 톰에 의해서 보내진(톰이 보낸) 게 아니에요.

The fax is not sent by **Tom.**

더 팩스 이즈 낫 센트 바이 탐

쥐는 호랑이에 의해서 사냥되지 않아요.

A rat is not hunted by **a tiger.**

어 랫 이즈 낫 헌티드 바이 어 타이거

A: 이 케이크 정말 맛있네요. 당신이 만들었어요?

B: 아뇨, 그건 내가 만든 게 아니에요.

...은 ~에 의해서 ~되었어요?

be동사 + 주어 + 과거분사 + by ~? (수동태 의문문)

말해볼까요?

A: **Is the email sent by Tom?**

이즈 더 이메일 샌트 바이 탐

이메일은 톰이 보냈나요?

B: **No, I sent it.**

노, 아이 샌트 잇

아뇨, 제가 보냈습니다.

학습포인트!

수동태 의문문은 자주 쓰이는 표현은 아니지만 종류는 4가지입니다. 의문사가 없는 경우, 의문대명사가 주어인 경우, 의문대명사가 목적어인 경우, 의문부사가 있는 경우입니다. 의문대명사가 주어인 경우에는 by whom 등으로 바꿔서 맨 뒤로 보내지 않고 그대로 앞에 둡니다. 이것은 의문사는 어떤 경우라도 문장 맨 앞에 위치한다는 원칙 때문입니다.

영어 녹음을 듣고 소리내어 읽어볼까요?

그 케이크는 당신에 의해 만들어졌나요(당신이 만들었어요)?

Is the cake made by you?

이즈 더 케익 메이드 바이 유

선물이 그에 의해 주어졌어요(그가 준 거예요)?

Is a gift given by him?

이즈 어 깁트 기븐 바이 힘

이 집은 1930년에 지어졌어요?

Was this house built in 1930?

워즈 디스 하우스 빌트 인 나인틴 써리

고양이는 개한테 쫓겨 다녀요?

Is a cat chased by a dog?

이즈 어 캣 췌이스트 바이 어 독

팩스는 톰에 의해 보내졌나요(톰이 보냈나요)?

Is the fax sent by Tom?

이즈 더 팩스 샌트 바이 탐

쥐는 호랑이에 의해서 사냥되나요?

Is a rat hunted by a tiger?

이즈 어 랫 헌티드 바이 어 타이거

A: 이메일은 톰이 보냈나요?

B: 아뇨, 제가 보냈습니다.

☐ ☐ ☐

내 손에서 만만하게 시작하는 포켓북 영어 첫걸음!

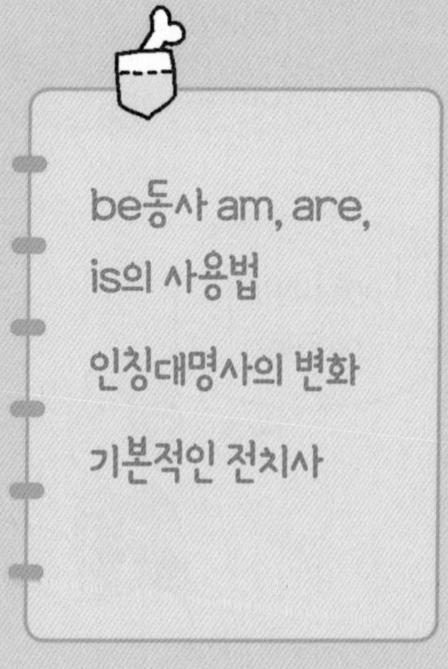

▶ 주어가 단수(한 사람/하나)일 때

나	I	am	happy.	나는 행복하다.
당신	You	are	tall.	너는 키가 크다.
나·당신 이외의 사람과 물건	He	is	busy.	그는 바쁘다.
	She		pretty.	그녀는 귀엽다.
	It		a desk.	그것은 책상이다.
	Tom		a singer.	톰은 가수이다.
	Mary		a teacher.	메리는 선생이다.
	My father		a doctor.	나의 아버지는 의사이다.
	This		my bag.	이것은 내 가방이다.
	Our dog		white.	우리 개는 하얗다.
	Your house		big.	당신의 집은 크다.

▶ 주어가 복수(두 사람/두 개 이상)일 때

우리들	We	are	happy.	우리는 행복하다.
당신들	You		tall.	당신들은 키가 크다.
나·당신 이외의 사람들과 물건	They		busy.	그들은 바쁘다.
	Tom and Mary		singers.	톰과 메리는 가수이다.
	My parents		teachers.	나의 부모는 선생님이다.
	Those		elephants.	그것들은 코끼리이다.
	Her dogs		cute.	그녀의 개는 귀엽다.
	These apples		sweet.	이 사과들은 달다.

* am, are, is는 be동사라고 하는 동사의 활용형으로 영어에는 두 가지 동사 형태가 있습니다. 하나는 위의 be동사이고, 다른 하나는 동작이나 작용, 상태를 나타내는 일반동사가 있습니다.

▶ 단수(한 사람/하나)일 때

	~은(는)	~의	~을(를)	~의 것
나	I	my	me	mine
당신	you	your	you	yours
그	he	his	him	his
그녀	she	her	her	hers
그것	it	its	it	—

▶ 복수(두 사람/두 개 이상)일 때

	~은(는)	~의	~을(를)	~의 것
우리들	we	our	us	ours
당신들	you	your	you	yours
그들 그녀들 그것들	they	their	them	theirs

▶ 참고

	~은(는)	~의	~을(를)	~의 것
Tom	Tom	Tom's	Tom	Tom's
Mary	Mary	Mary's	Mary	Mary's

* '~은(는)'은 주격, '~의'는 소유격, '~을(를)'은 목적격, '~의 것'은 소유대명사라고 합니다.

▶ 기본적인 전치사

in ~(안)에 She live in the Seoul. 그녀는 서울에 살고 있습니다.

on ~의 위에 Apple is on the table.
사과는 테이블 위에 있습니다.

under ~의 아래에 Bag is under the desk.
가방은 책상 아래에 있습니다.

to ~에, 으로 Come to here. 이리 오세요.

at ~에(시간) School will be over at three.
학교는 3시에 끝납니다.

before ~의 앞에 Look well before you cross the road.
길을 건너기 전에 잘 살피세요.

after ~의 후에 Let's play baseball after lunch.
점심을 먹은 후에 야구를 합시다.

by ~으로(교통수단) I go to school by subway.
지하철을 타고 학교에 갑니다.

near ~의 근처에 She lives near the park.
그녀는 공원 근처에 삽니다.

with ~와(함께) Do you want to boogie with me?
저와 춤추시겠어요?

about ~에 대해서 Let's talk about the problem.
그 문제에 대해 이야기합시다.

for ~을 위해서 Save it for a rainy day. 만일을 위해 남겨두다

from ~에게(부터) It was from my boy friend.
그건 제 남자 친구가 준 거에요.

of ~의 I'm one of members of senate.
나는 의회의 회원입니다.